Karl Georg Bockenheimer

Erinnerungen an die Geschichte der Stadt Mainz

Karl Georg Bockenheimer

Erinnerungen an die Geschichte der Stadt Mainz

ISBN/EAN: 9783743664883

Hergestellt in Europa, USA, Kanada, Australien, Japan

Cover: Foto ©ninafisch / pixelio.de

Weitere Bücher finden Sie auf **www.hansebooks.com**

Erinnerungen

an die

Geschichte der Stadt Mainz

in den

Jahren 1813 und 1814.

Von

Dr. C. G. Bockenheimer.

Mainz,
Verlag von Victor von Zabern.
1863.

Mainz, Druck von Carl Hellermann.

Vorrede.

Als ich es unternahm die Geschichte der Stadt Mainz während der Jahre 1813 und 1814 zu bearbeiten, empfand ich bald daß dieser Stoff eine doppelte Schwierigkeit darbiete. Einmal ist die Zeit der Fremdherrschaft und der durch Krieg erzeugten Noth aller Art an sich nicht geeignet, in dem Erzählenden jene Begeisterung anzufachen, deren er bedarf, um auf das Gefühl seiner Leser mit Erfolg zu wirken. All' den großen und erhebenden Zügen, welche die Geschichte Deutschlands in der Zeit der Befreiungskriege aufzuweisen hat, kann die Geschichte unserer Vaterstadt nur Weniges zur Seite stellen; sie weiß nur von politischem und physischem Unglück zu erzählen. Und doch dürfte diese Leidensgeschichte nicht ohne Interesse sein. Wie der Genesene erst bei der Erinnerung an überstandene Schmerzen doppelt den Werth der Gesundheit empfindet, wie der Glückliche sich gehoben fühlt, wenn er der bangen Stunden gedenkt, in denen er mühsam nach seinem Ziele gerungen, so soll die Erinnerung an jene Zeit der Prüfung uns die Errungenschaft der Befreiung von fremdem Joche doppelt werth und theuer machen. Von dieser Seite aufgefaßt wird auch mein Unternehmen gerechtfertigt erscheinen können. Eine zweite, weit größere Schwierigkeit liegt aber in dem Mangel an

Quellen zur Erforschung der Begebenheiten in Mainz. Es ist begreiflich, daß in einem Zeitabschnitte, wo die Geschicke Europa's mit einemmal einer entscheidenden Wendung entgegengingen, wo die Blicke der Nationen auf den Ausgang blutiger und verzweifelter Kämpfe gerichtet waren, das Material für die Geschichte einer einzelnen Stadt dürftig ausfallen wird. Dazu kommt noch, daß unsere Vaterstadt gerade zu jener Zeit einen guten Theil ihrer früheren Wichtigkeit und Bedeutung eingebüßt hatte, indem sie aus der Residenz eines der ersten Fürsten des ehemaligen deutschen Reichs zu einem untergeordneten Gliede des französischen Länderkolosses geworden war. Namentlich über einen, für die Beurtheilung der Verhältnisse wichtigen Punkt, nämlich über die Stimmung der Rheinländer gegenüber den politischen Bewegungen jener Tage fehlt es vielfach an verbürgten gleichzeitigen Nachrichten, eine Erscheinung die ihren Grund darin hat, daß so lange die Franzosen Herren des linken Rheinufers waren, hier wie anderwärts in Frankreich keine der Regierung ungünstige Stimme laut werden durfte, meßhalb denn auch die damaligen Zeitungen nur mit Vorsicht zu gebrauchen sind.

Wenn daher trotz sorgfältiger Erforschung des vorhandenen Materials die gegenwärtige Darstellung lückenhaft sein sollte, so dürfte ein Theil des Vorwurfes auf die Unzulänglichkeit der vorhandenen Quellen fallen.

Mainz, im August 1863.

Dr. Bockenheimer.

Rückblick.

Seit die französische Republik den Plan eines Eroberungskrieges gefaßt hatte, war von ihr der Rhein als demnächstige Grenze in Aussicht genommen worden. Vielfach begegnete man seit 1793 im Convente Erörterungen über die Rheingrenze; Conventsmitglieder wurden nach dem Rheine geschickt, um an Ort und Stelle sich über die Verhältnisse und die Stimmung der Bevölkerung zu verlässigen und Bericht zu erstatten, Berichte, deren Ergebniß im Voraus schon durch die Richtung des Convents entschieden war. So hatte, um nur einen hervorzuheben, Roberjot dem Convent berichtet, daß nur die Rheingrenze Frankreich die nöthige Sicherheit biete; denn nur dadurch sei den Feinden die Möglichkeit neuer Unternehmungen abgeschnitten. Durch eine derartige Amputation der linken Seite Deutschlands glaubte man sich am besten für die Kosten eines mehrjährigen Krieges entschädigt, wobei die Schifffahrt auf dem Rheine und die hierdurch begründete Verbindung mit Deutschland und der See eine günstige Aussicht auf Gewinn bot. Andere dagegen, darunter selbst Sachverständige, wie General Miranda, hielten die Rheingrenze in Rücksicht auf die Festigkeit mehr für nachtheilig als vortheilhaft für Frankreich. Unter denen, die am lautesten nach dem Rheine wiesen, begegnen wir einem aus der ersten Occupationszeit bekannten Mainzer, dem ehemaligen Geschichtsprofessor Hofmann, welchem noch nicht, wie seinen Mitbürgern, der Geschmack an französischer Wirthschaft vergangen war. War er es doch, der einen Preis von 6000 Livres für Denjenigen bestimmte, der nur mit einigem Scheine würde darthun können, daß die franzöfifche. Regierung, wenn sie von der Einverleibung aller auf dem linken Rheinufer gelegenen Länder abstehe, nicht im höchsten Grade unpolitisch und ungerecht handle.

Es beburfte aber bei den Franzosen nicht erst solcher und ähnlicher Anlockungen. Bereits im Herbste 1794 war Mainz blokirt, ebenso in den Jahren 1796 und 1797. Grade in diesem letzten Jahre, zu einer Zeit, wo man sich der Hoffnung hingab, durch die eingeleiteten Friedensunterhandlungen den Feind, der seit den letzten Jahren die Umgegend durch Raub und Verheerung schwer heimgesucht hatte, für immer vom Rheine entfernt zu sehen, wurde das linke Rheinufer (— 17. Oktober 1797 —) an Frankreich abgetreten. Niemand hatte hier von dem bevorstehenden Schicksal eine Ahnung, als es mit einem Male verlautete, daß am 9. Dezember 1797 das Directorium zu Paris die Bildung einer Armée de Mayence unter dem Commando des Generals Habry verordnet habe. Schon am 17. desselben Monats erschien der genannte General vor Mainz um den General Rübt zur Uebergabe der Festung aufzufordern, worauf denn am Ende des Jahres der Einzug der fremden Truppen erfolgte. Was die Mainzer hierbei empfanden, das ist leicht zu begreifen, wenn man darauf hinweißt, daß die Erinnerung an die Willkürherrschaft der ersten Occupation noch frisch in dem Gedächtniß Aller lebte. Hatte damals das wilde Treiben des Convents sein Nachspiel in Mainz gefunden, so stand jetzt zu befürchten, daß die liederliche Wirthschaft des Directoriums dahier zur Durchführung kommen werde.

Nur zu bald sollte es sich zeigen, daß diese Befürchtungen nicht unbegründet waren. Derselbe lächerliche Schwindel mit der Idee von Freiheit und allgemeiner Gleichheit, die im Jahre 1792. als Aushängschild gedient hatte, wurde jetzt wieder, um Bedrückungen aller Art zu bemänteln, in Scene gesetzt, wobei die Freiheitsbäume ihre alten Rollen übernehmen mußten. Dreifarbige Cokarden für beide Geschlechter erhielten wie die Bons und Requisitionsscheine der französischen Generale ihren Zwangscours. Wie im Jahre 1792 sollte diesmal auf religiösem Gebiete vollständige Glaubensfreiheit durch Entfernung der Priester, Beseitigung der christlichen

Festtage (— die durch die Feier republikanischer Gedächtnißtage ersetzt wurden —) und Verfolgung der herrschenden Religion garantirt werden. An die Stelle der letztern trat von nun an wieder der Cultus der Vernunftgöttin in dem, für sie bestimmten Tempel, der Mainzer Peterskirche.

Die praktischen Resultate dieser Volkserziehung ließen nicht lange auf sich warten; ganze Züge von Dieben und Räubern streiften im Lande umher und nahmen das, was französische Generale und Civilbeamte übrig gelassen hatten, und dies alles zu einer Zeit, wo bei Bürger und Bauer der Verdienst durch die Ungunst der Verhältnisse geschmälert, ja beinah verschwunden war und die Last der Einquartierung der nicht gerade anspruchslosen Soldaten sich doppelt fühlbar machte.

Das erste Werk der neuen Regierung unter der Leitung des von Bonn nach Mainz übergesiedelten Regierungs-Commissärs Rudler, war die Eintheilung der erworbenen rheinischen Ländertheile in 4 Departements und die Einführung einer der Verfassung des Jahres III. nachgebildeten Organisation. Daß hierbei wenig Rücksicht auf die bestehenden Verhältnisse, auf die Bedürfnisse und Wünsche des Volkes genommen, daß die Mehrzahl der Beamten aus Franzosen oder alten Franzosenfreunden von 1792 her, gewählt wurde, die ohne Controle nach Gutdünken wirthschafteten, das entsprach dem Charakter dieser Regierung, dem Abklatsch des pariser Directoriums mit allen seinen Fehlern und Schwächen. Als Rudler nach kurzem Verweilen abberufen wurde, änderte sich das System keineswegs. Die Nachfolger Rudler's, nämlich Marquis, ein früherer Advocat von mittelmäßigen Fähigkeiten, Lakanal, mehr Schulmeister als Staatsmann, Shée, ein alter, bequemer Mann und Jollivet, der reine Finanzmann, dessen kaltes Herz nie ein freundliches Gefühl erreichte, — diese Männer waren von Haus aus für die Verwaltung und Organisation des neuerworbenen Gebietes nicht geeignet; sie wurden auch so rasch nach einander abberufen, daß sie, selbst wenn es ihnen Ernst gewesen wäre, wohlthätige Einrichtungen zu treffen, kaum Zeit hatten, sich mit den wahren Bedürfnissen des Landes vertraut zu machen. So blieb ihnen nichts übrig, als einfach aus der in Frankreich publicirten, freilich auf anderen Anschauungen und Verhältnissen basirten Gesetzgebung das, was gerade passend schien, herauszuschreiben und mit Gesetzeskraft zu versehen.

Wer sich ein Bild von jener rathlosen Behörde, die nur darüber klar schien, was sie über Haufen werfen wollte, ohne zu zu berechnen, was sie dafür Gutes bieten könnte, wer sich ein Bild von der hierdurch herbeigeführten Corruption verschaffen will, der lese die Schilderungen eines seiner Zeit vom Freiheitsschwindel der Franzosen erfaßten, später gründlich belehrten Mannes, wir meinen die Mittheilungen von Görres. Das Directorium, so schreibt er im Jahr 1800, hatte die 4 Departements als ebensoviele Paschaliks behandelt, die es seinen Janitscharen preiß gab und in denen es seine Günstlinge ansiedelte. Mit empörender Wegwerfung wurden alle Reclamationen der Einwohner auf Seite geschoben; Alles, wie es schien, mit Geflissenheit hervorgesucht, was nur irgendwie das Selbstgefühl derselben auf's Tiefste kränken und verwunden konnte. Kurz, es war, wie eine andere Stimme berichtet, eine böse Lage, wo die verruchtesten Verschleuderungen allenthalben und ohne Scheu betrieben wurden, wo Frankreich seinen Auswurf als Angestellte über uns ausspie.

Was die damaligen Zustände noch unerträglicher machte, das war die Ungewißheit über die demnächstige Bestimmung der Rheinlande und ihre Stellung zu Frankreich; denn noch hatte das Directorium in Paris sich nicht über eine Incorporation der 4 neuen Departemente ausgesprochen, was auch wohl nicht eher erfolgen konnte, als bis ein Friede mit dem Reiche die definitive Abtretung der factisch bereits occupirten Ländertheile sanctionirte. In Mainz wie anderwärts machte man sich kein Hehl, daß von Seiten des Reiches nichts mehr geschehen werde, um den Franzosen die Beute wieder abzujagen, so daß es leicht begreiflich ist, wie man nach und nach sich in die neuen Dinge einzuleben suchte und eine Ausgleichung der an sich entgegengesetzten Elemente deutschen und französischen Wesens anstrebte. Waren es ja doch gerade die besseren Stände, die lieber eine Verbindung mit Frankreich wünschten, als länger noch der Willkür einzelner Beamten preißgegeben zu sein. Wenn auch für den Augenblick die politischen Zustände Frankreichs eher bedenklich als verlockend waren, so ließ es sich leicht voraussehen, daß über kurz oder lang die französische Nation, nachdem der Freiheitsschwindel der vorausgegangenen Jahre verraucht war, eine andere Verfassung und Verwaltung erhalten werde, unter der es sich erträglich leben ließ. Darum geschah es weniger aus Mangel an Anhänglichkeit an das alte Vaterland, als mehr aus dem Bedürfniß endlich klar zu werden über die künftige Stellung, daß im Brumaire des Jahres VIII. eine Deputation aus den 4 rheinischen Departementen, woran für Mainz General Eickemeyer sich betheiligte, nach Paris ging, um dort an maßgebender Stelle sich zu erkundigen, inwieweit eine endliche Fixirung der politischen Verhältnisse zu erwarten stand. Diese Mission fiel gerade in die Zeit, wo in Paris aus den Trümmern des längst baufällig gewordenen Directoriums das kecke, kräftige, seiner Ziele und Mittel bewußte Consulat erstand. Damit war auch das Loos der Rheinlande entschieden. Nach kurzer Zeit mußte Deutschland durch den Frieden zu Lüneville (— 9. Februar 1801 —) in die definitive Abtretung des linken Rheinufers einwilligen, worauf die Incorporation mit Frankreich erfolgte. Der 1. Vendemiaire XI. war der Tag, an dem in Mainz die politische Gleichstellung der 4 Departemente mit den andern Provinzen der Republik feierlich vollzogen wurde. Auch ohne besondere Nachrichten dürfte man annehmen, daß dieser Tag, der von selbst zu Vergleichungen zwischen Sonst und Jetzt aufforderte, der Tag, an dem man sich unwiderruflich von allen Banden des früheren Vaterlandes lossagen mußte, kein Tag der Freude war. Laut beschwerten sich die Regierungsorgane über die auffallende Kälte und Theilnahmslosigkeit der Mainzer Bürger, die undankbar wären für die vielen Wohlthaten der Republik. Für uns ist die Haltung der Mainzer Bevölkerung ein Beweis, daß die Liebe zum Vaterlande, die man den Bürgern so oft abgesprochen hat, hier noch lebte; noch lange gab sie sich in Flugschriften, gegen deren Verbreitung alle Zwangsmaßregeln aufgeboten wurden, kund.

Die neue Regierung unter der Leitung des energischen, aber gerechten und umsichtigen Präfecten Jeanbon St. André ließ es sich angelegen sein, alle Mißstände zu beseitigen. In die ganze Verwaltung trat mehr Ordnung, an die Stelle der stoßweisen Gesetzespublikationen ein mehr einheitliches Ganze; die Kirche kam wieder zu Ehren; Schule, Handel und Gewerbe erfreuten sich einer größeren Aufmerksamkeit.

Es waren somit alle Aussichten auf eine bessere Zeit gesichert, wodurch für den Augenblick manch' tiefe Wunde geheilt ward. Nur Eines wollte der Regierung nicht gelingen, nämlich dem Handel wieder aufzuhelfen. Hier stoßen wir auf den wundesten Fleck der Verwaltung, das Mauthsystem. Bereits im Jahre 1802 hatte sich der Speditionshandel wegen der Förmlichkeiten und Plackereien auf der Douane und wegen der damit verbundenen Gefahren von Mainz weggezogen. Es war Thatsache, daß die Rheinschiffer soviel als möglich das linke Rheinufer mieten und Waaren-Niederlagen auf der rechten Seite suchten. Da half es denn freilich nicht sehr viel, daß man Mainz und Köln zu Freihäfen erklärte, da hiermit die Schwierigkeiten der Douane nicht beseitigt wurden. Die Folgen des Systems zeigten sich bald in einem organisirten Schmuggel und in hartnäckigen oft blutigen Kämpfen zwischen den allgemein verhaßten Douaniers und den Besitzern verbotener Waaren.

Wie die Zeit der Consularherrschaft, so war auch der Anfang des Kaiserreichs für Mainz eine Zeit der Erholung und des Trostes für manch Bitteres, das man vorher hatte ertragen müssen; ja bald hatte es den Anschein, als habe die unter die Zahl der „Bonnes villes" aufgenommene Stadt sich der ganz besonderen Gnade des Kaisers zu erfreuen. Nach seiner Krönung unternahm Napoleon eine schon früher projectirte Reise nach dem Rheine, wobei er am 20. September 1804 unsere Vaterstadt besuchte. Während seines Aufenthaltes, der bis zum 3. Oktober dauerte, hatte er hinreichende Gelegenheit, sich von der Wichtigkeit der Stadt, namentlich in militärischer Beziehung als Waffenplatz und Ausgangspunkt kriegerischer Unternehmungen zu überzeugen. Nicht minder passend erschien ihm die Lage der Stadt in politischer Hinsicht zur Anknüpfung von Unterhandlungen mit den benachbarten deutschen Fürsten. Von den letzteren war Einer — Dalberg — der Ansicht, „die Keime der deutschen Regeneration würden schnell gedeihen, wenn der Kaiser sich jedes Jahr auf einige Wochen mit den ihm zugethanen Fürsten in Mainz vereinigen könnte." Auf der anderen Seite hatte auch die Stadt Mainz ihre Ursachen, Zutrauen zu der neuen Regierung zu hegen. Es ließ sich nicht verkennen, daß die Gesetzgebung des Kaiserreichs den Rechtszustand der früheren Zeiten in den Hintergrund drängte, daß die Gerechtigkeitspflege und die Verwaltung vortheilhaft gegen den alten Schlendrian abstachen, so daß man leicht die Härte, die hier und da mancher Maßregel anklebte, übersah.

Wäre daher die Regierung auf dem einmal betretenen Wege vorangeschritten, so hätte sie im Laufe der Zeit sich die Anhänglichkeit der neuen Provinzen erwerben können. Nur zu bald aber lenkte der Kaiser in andere Bahnen. Seinem unersättlichen Ehrgeize genügte es nicht, sich zum Herrscher einer großen Nation aufgeworfen zu haben, sondern er vermaß sich, eine Universalmonarchie zu gründen, in der es nur einen Willen, den seinigen, gab. Während der nunmehr jährlich wiederkehrenden Kriege lernte Mainz die Ehre, an das Schicksal des Kaiserreichs geknüpft zu sein, bitter bereuen. Schonungslos wurden die Söhne der Stadt aus dem Schooße der Familien gerissen, entweder zum Kampfe gegen das Vaterland oder um in fremden Ländern gegen Völker zu streiten, welchen Feind zu sein, man kaum einen Grund haben mochte. In der Stadt selber aber konnte man kaum noch die Kosten erschwingen, die, durch militärische Durchzüge, Einquartierungen ꝛc. veranlaßt, auf den Bürger als Zugabe zu den stets wachsenden Steuern drückten.

Werfen wir nun einen Blick auf die Zustände der Stadt zu der Zeit, die uns grade beschäftigt, so tritt uns ein nicht sehr erfreuliches Bild entgegen. An der Spitze der Stadt sehen wir einen durch die Gesetzgebung in seinen Befugnissen höchst eingeschränkten Stadtrath, der nur mit Erlaubniß des Präfekten und nur zur Berathung der von ihm bestimmten Gegenstände zusammentreten, Vorstellungen an den Kaiser nur unter Einwilligung und nach Anleitung der vorgesetzten Verwaltungsbehörde gelangen lassen durfte und dessen Gerechtsame hauptsächlich in der Repräsentation der Stadt bei Huldigungen und feierlichen Festen, sowie in der Decretirung der hierbei zu verwendenden Summen bestanden. Daß in seiner Mitte eine jede freimüthige Meinungsäußerung unmöglich war, das lag eben in der Natur der napoleonischen Militärherrschaft. Ebenso war durch Beschränkung der Presse Vorkehrung getroffen, daß aus der Bürgerschaft selbst keine unbequeme Stimme laut werden konnte. In der Bürgerschaft schieden sich zwei Klassen von einander, von denen die eine dem französischen Regime mit aller Ergebenheit anhing, die andere aber noch festhielt an deutscher Art und deutschem Sinn. Daß zur ersteren Klasse die Beamten zum großen Theil zählten, das versteht sich nach deren Stellung von selbst. An sie schloß sich jene Klasse von Leuten, die immer auf der Seite zu finden ist, wo augenblicklicher Vortheil zu erwarten steht, die Klasse von Speculanten, die ihren Vortheil bei Armeelieferungen und ähnlichen Gelegenheiten suchten und fanden. Ferner ist hierher zu zählen die Mehrzahl der damaligen Mainzer Gelehrten, die in ihrer Ueberschwenglichkeit und Bewunderung für Napoleon das ohnehin gedemüthigte Deutschland mit Füßen traten, und mit einem nicht geringen Aufwande von Gelehrsamkeit dem gemeinen Menschenverstande begreiflich zu machen versuchten, wie nothwendig und nützlich für die Menschheit die ewigen Kriege seien. Diesen gegenüber standen die Leute, bei denen die Unzufriedenheit mit den bestehenden Zuständen ein, wenn auch noch unbestimmtes Verlangen nach politischer Umgestaltung zu erwecken begann, Leute, bei denen die versuchte Anpflanzung französischen Wesens überhaupt keine Wurzel schlagen wollte. Wenn sie auch fühlten, daß sie den Franzosen für manche nützliche Einrichtung zu Dank verpflichtet waren, so hinderte sie dies doch nicht, die Kehrseite der Verhältnisse in Rechnung zu bringen. Vor Allem fühlten sie sich in ihrem Stolze dadurch verletzt, daß bei allen Opfern, welche die Stadt zu bringen hatte, die Franzosen, deren sich eine ziemliche Anzahl in Mainz angesiedelt hatte, mit einer gewissen Vornehmheit sich als höher stehend betrachteten und das deutsche

Element zu verdrängen strebten. Dann lastete es wie ein Alp auf der Bevölkerung, daß die Steuern von Jahr zu Jahr stiegen, daß die Conscription das Vier- und Fünffache der anfänglichen Contingente überschritt, und daß Jahr aus Jahr ein, der Krieg — er durfte geführt werden, wo er wollte — seine nachtheiligen Wirkungen auf die Stadt äußerte. Grade das, was man von der französischen Regierung zuerst erwartet hatte, die materielle Hebung der Stadt, das wollte niemals zur Wirklichkeit werden. Es gab nur eine Stimme, daß das Mauth- und Continental-System verbunden mit Monopolen und Licensen den Mainzer Handel vollständig herunter gebracht hatten. Das waren Gründe zur Unzufriedenheit, die vorerst noch nicht laut werden durften; es konnte aber leicht eine Zeit kommen, wo die stille Resignation sich zur That ermannte und dann stand es, bei einer gleichzeitigen Erhebung in Deutschland, bedenklich um die linksrheinischen Provinzen Frankreichs.

Solch' ein Zeitpunkt schien nach dem Ausgang des Feldzugs von 1812 gekommen zu sein.

Das Jahr 1813.

Die Niederlage Napoleons im Jahre 1812 hatte dem in Deutschland schon gährenden Geiste, der nach Abschüttlung des fremden Joches strebte, Nahrung verliehen. Eine frohe Ahnung, daß nunmehr das Maß des Elendes erschöpft sei, durchzuckte die Gemüther und gab neuen Muth zu allen Gefahren und Leiden, durch welche der Tag der Freiheit hervorbrechen sollte. Nur am Rheine regte sich nichts von einer solchen Ahnung. Mit Wehmuth gedachte man der aufgeriebenen Armee, deren einzelne Corps in allem Glanze die Stadt durchzogen hatten; manches Auge füllte sich mit Thränen bei der Erinnerung an einen lieben Angehörigen, der auf den Schneefeldern Rußlands einen elenden Tod gefunden. Gerne pflegte man die Kranken, die Verwundeten und die Gefangenen, die man in großer Zahl hier eingebracht hatte. Solcher Anblick war nicht geeignet, Hoffnungen auf eine bessere Zeit zu erwecken oder zu nähren; vielmehr mußte man bei dem unbeugsamen und zuversichtlichen Charakter des Kaisers auf einen neuen Krieg rechnen, der wiederum die Söhne der Stadt dem Tode und die Festung allen Gefahren entgegenführen werde.

In der That hatte der Feldzug des Jahres 1812 das Vertrauen Napoleons auf sein gutes Glück und die Macht seines Genies nicht erschüttert. Angesichts der unersetzlichen Verluste des letzten Feldzugs wagte es der Kaiser zu erklären, in Rußland habe er über alle Hindernisse gesiegt, die Menschenhände ihm bereitet; nur die unmäßige und zu früh eingetretene Kälte habe den Rückzug veranlaßt. Weit entfernt jetzt dem Frieden sich hinzuneigen, war das erste Werk des Kaisers, neue Truppen auszuheben, wozu der Abfall York's die geeignete Veranlassung abgeben mußte. Ein Senatsbeschluß vom 10. Januar 1813 stellte 300,000 Mann, die theils aus den Nationalgarden, theils aus den Conscriptionen der früheren Jahre und der des Jahres 1814 entnommen werden sollten, zur Verfügung des Kaisers. Die hierdurch entstehenden Kosten würden, so machte man das Volk glauben, ohne neue Lasten aufgebracht werden können. Das Geheimniß dieses Kunststückes offenbarte sich bald in dem Entschlusse des Kaisers, wonach das Grundeigenthum der Gemeinden gegen Renten auf den Staat veräußert werden sollte, eine Maßregel, die den Eingang von etwa 370 Millionen Franken in Aussicht stellte. Diesen Vorschlag, der noch im Laufe des Jahres 1813 zum Gesetz erhoben und als solches auch im Departement Mont Tonnère zur Ausführung gebracht wurde, stellte man noch als eine Wohlthat vor, indem man hervorhob, wie dadurch die Circulation des Grundeigenthums erleichtert und die Industrie durch Zuführung großer Capitalien gehoben würde. Die befohlenen Ergebenheits-Adressen, die noch nie so zahlreich eingelaufen waren, mußten die Täuschung des Volkes unterhalten. Doch nicht genug, daß man durch Wort und Schrift dem Kaiser huldigte, auch durch die That sollte die Ergebenheit bewiesen werden. Kaum waren die neuen Aushebungen vom Senat genehmigt, als von allen Städten und Gemeinden, selbst von Privaten, freiwillige Gaben einliefen. Dem Beispiele der andern Städte, die auf eigne Kosten Soldaten geworben und ausgerüstet hatten, folgte auch Mainz und die Umgegend. Am 21. Februar 1813 übergab der Präfect J. B. Baron de St. André dem General Schaal in Mainz, Commandant der 26. Militär-Division, 228 freiwillige Jäger nebst Pferden. Die Stadt Mainz und einige Nachbar-Gemeinden hatten diese Leute, welche den Conscriptionen von 1810 und 1811 entnommen waren, auf eigne Kosten ausgerüstet. *)

---

*) Der Maire und Gemeinderath von Mainz hatten durch eine Adresse den Kaiser um Annahme dieses Geschenks vorher ersucht. Aus derselben entnehmen wir folgende Stelle: „Ereignisse, welche menschliche Klugheit nicht vorherzusehen vermochte, ließen Ihre sonst immer siegreiche Armee Verluste erleiden. Ihre Feinde, überall geschlagen, wo sie sich nur zeigten,

Noch mehr Opfer verlangte der Kaiser. Er bildete eine garde d'honneur, in welche die jungen Leute aus den besseren Ständen eintreten mußten. Kaum hat eine andere Maßregel soviel Widerwillen erregt als diese. Mit schwerem Gelde hatten die adeligen und reichen Familien für ihre Söhne Vertreter gestellt, die hohen Einstandssummen zwei-, dreimal gezahlt und für alle diese Opfer sollten ihnen nachträglich die Söhne wieder entzogen werden. Doch darnach fragte der Kaiser wenig. In dem Departement Mont Tonnère verkündigte der Präfect, daß 100 Freiwillige für die Garde d'honeur gestellt werden müßten, unter der Androhung, daß er, im Falle sich die erforderliche Zahl nicht freiwillig stellen würde, die jungen Leute selbst bezeichnen werde. Zum Eintritt in die Garde war Jeder berechtigt erklärt, der mit untadelhaften Sitten, Liebe zum Vaterlande und den Wunsch verbindet, zur baldigen Wiederherstellung des Friedens von Europa mitzuwirken; wer nicht die Mittel besaß, sich selbst auszurüsten, der wurde aufgefordert, sich vertrauensvoll an den Präfecten zu wenden, der dann das Weitere veranlaßte. Auf diese Art kam die erforderliche Zahl zu Stande und wurden im Juli 1813 100 Freiwillige aus geachteten Familien des Departements vollständig ausgerüstet und wohl equipirt dem General-Commandanten übergeben.

Daneben wurden die angeordneten Aushebungen mit aller Strenge durchgeführt, die Flüchtigen durch Gendarmen und Beamten der Douane verfolgt und selbst deren Eltern mit Strafe belegt. Massenhaft forderten damals die Eltern in den Zeitungen ihre im Auslande befindlichen Söhne auf sich zur Vermeidung schwerer Strafen zu sistiren.

₁ sind durch einen augenblicklichen Vortheil berauscht, den sie nicht dem Siege, sondern einer strengen Jahreszeit und den verrätherischen Hülfsmitteln, deren sie sich bedienten, zu verdanken haben. In ihrem thörichten Wahne überlassen sie sich den allerlächerlichsten Hoffnungen, als wenn ein solcher Verlust das ruhmvolle Schicksal des großen Reiches verändern könnte, das Ihr Genie auf unerschütterliche Grundlagen gebaut hat. Wie wenig kennen sie die Allmacht dieses Genies und die unendlichen Hülfsquellen Ihrer Völker." — Es bedarf kaum der Versicherung, daß diese Adresse der allgemeinen Schablone jener zahlosen Eingaben nachgebildet war, womit Tag für Tag der Moniteur seine Spalten füllte.

Das Contingent der Stadt Mainz aus der Conscription von 1813 mit 75 Mann war bereits in den Monaten November und Dezember 1812 einberufen worden. Im Monate Februar 1813 griff man nach den Conscriptionen der Jahre 1807—1812 zurück und berief 38 Mann im April, und als der Senat eine weitere Aushebung von 180,000 Mann genehmigt hatte, noch 57 Mann der genannten Altersklassen ein.

In Folge dieser bedeutenden Aushebungen, die mit aller Eile betrieben wurden, hatte Napoleon, wenn man noch die s. g. große Armee an der Elbe hinzuzählt, ein mächtiges Heer in Bereitschaft. Die alte Armee wurde zu zwei Corps, das eine unter Davoust, das andere unter Victor, vereinigt; aus den Cohorten der Nationalgarde,*) aus den Rheinbundstruppen und einem Theil der Marinesoldaten wurden weitere drei Corps gebildet. Das erste, Corps de l'Elbe, sollte unter Lauriston zum Vicekönig Eugen stoßen; das I. corps du Rhin unter Ney und das II. corps du Rhin unter Marmont, sollten sich in Mainz der Art formiren, daß Ney am 15. März von Mainz aufbrechen konnte, Marmont dann nachrückte und am 15. April die Stadt zu verlassen hatte. Alsbald füllte sich die Stadt mit Soldaten; auf der Straße von Paris nach Mainz sah man nichts mehr als Militär und militärische Transporte. Dabei kam es dem Kaiser sehr zu statten, daß der alte Marschall Kellermann, Herzog von Valmy, der sich damals noch in Mainz aufhielt, sich der Besichtigung und Musterung der hier ankommenden, in provisorische Marschregimenter vereinigten Truppen unterzog und für die Herbeischaffung dessen, was noch fehlte, so weit möglich, sorgte. Bald waren aber die nicht unbedeutenden Mainzer Magazine von Kriegsmaterial so entblößt, daß Marmont wiederholt und dringend den Kaiser um Beschaffung der nothwendigsten Dinge ersuchen mußte. Selbst an Kleidung gebrach es für die Rekruten, „die nur mit Westen und Capots versehen waren." —

Mit dem Beginn des Krieges duldete es den Kaiser nicht länger in Paris. Nachdem er noch für die Zeit seiner Abwesenheit eine Re-

---

*) Diese Cohorten waren gesetzlich nur dem Innern Dienste bestimmt.

gentschaft angeordnet und die Kaiserin Marie Louise feierlich als Regentin eingeführt hatte, verließ er am 15. April 1813 Paris und langte in der Nacht vom 16. auf den 17. in Mainz an. Sein Aufenthalt dahier, der bis zum 20. April dauerte, beurkundet den zähen Fleiß und die Ausdauer des Mannes, der seine Stellung sich selber zu danken hatte sich aber auch bewußt war, daß er einem entscheidenden Schlage entgegen ziehe. *) Den Tag brachte er mit Musterung der Truppen und mit Besichtigung der Festungswerke zu. Von diesen Besichtigungen zurückgekehrt widmete Napoleon den Abend und die Nacht der Erledigung der Regierungsgeschäfte.

Nebenbei sollte die Zeit des Aufenthaltes in Mainz auch dazu verwendet werden, die benachbarten Fürsten des Rheinbundes in ihren bisherigen Beziehungen zu Napoleon zu bestärken und sich ihrer treuen Anhänglichkeit zu versichern. Mehr als je beburfte der Kaiser jetzt der Hülfsmittel, über welche diese Fürsten zu verfügen hatten. So erschienen denn der Großherzog von Baden, der Erbgroßherzog von Hessen, der Herzog von Nassau und der Fürstprimas; sie hatten die einmal übernommene Verbindlichkeit erfüllt und ihre Contingente zur großen Armee stoßen lassen. Ging dem Kaiser in dieser Hinsicht Alles nach seinem Willen, so mußte er auf der andern Seite in Mainz zwei Nachrichten erhalten, die ihn empfindlich berührten. Bisher hatte er noch immer darauf gerechnet, daß Oesterreich, welches in letzter Zeit den Frieden zu vermitteln bereit war, im Falle des wirklichen Kriegsausbruches auf seiner Seite stehen und ihm helfen werde. Aus diesem Wahn riß ihn die in Mainz an ihn gelangte Nachricht, daß das Corps des Fürsten Schwarzenberg nach Böhmen zurückberufen und das des Fürsten Poniatowski zur Niederlegung der Waffen und Räumung Krakau's aufgefordert worden.

---

*) Von der Ankunft Napoleons in Mainz erzählt der Herzog von Vicenza: En arrivant à Mayence nous apprîmes qu' Erfurt et toute la Westphalie étaient dans les plus vives inquiétudes;' on y répandait les plus absurdes nouvelles.

Damit waren dem Kaiser die Augen über die Stellung Oesterreichs geöffnet; er hatte vorerst von dorther keine Hülfe zu erwarten. Gleichzeitig traf eine zweite Nachricht hier ein, daß es dem Einflusse des österreichischen Hofes gelungen war, den treusten Bundesgenossen Napoleons, den König von Sachsen aus seiner Residenz nach Prag zu ziehen.

Unter diesen Umständen beburfte es nicht mehr der wenig befriedigenden Nachrichten vom Kriegsschauplatze, um den Kaiser zur Armee zu drängen. In aller Eile gelangte er nach Dresden in die Mitte seiner Soldaten. Es folgten nunmehr kurz nacheinander die Treffen bei Möckern, Großgörschen, Lützen und Bautzen, wo Napoleon nach seinen Bülletins überall nur Vortheile erlangte. Trotz aller dieser Prahlereien empfand er es doch bald, daß die in Eile gebildeten Corps, die meist aus jungen, erst während des Marsches eingeschulten, Soldaten bestanden, stark gelitten hatten und daß die erkämpften Resultate an sich von keiner Bedeutung waren.

Die beiden kriegführenden Theile beburften noch einiger Zeit, um ihre Truppenzahl zu ergänzen: Napoleons außerordentliche Aushebungen waren noch nicht vollendet und Preußen durfte bei der allgemeinen Begeisterung, welche die ganze Bevölkerung erfaßt hatte, auf einen bedeutenden Zuwachs rechnen. So darf es benn nicht wundern, daß Napoleon mit Freuden auf einen angebotenen Waffenstillstand einging, der bis zum 20. Juli bauern sollte.

Dieser Zeitpunkt wäre, wie kein anderer für Napoleon geeignet gewesen, Frieden zu schließen; benn noch konnte er, gestützt auf ben bisherigen Erfolg seiner Waffen, günstigen Bedingungen entgegensehen und hoffen, daß es ihm gelingen werde, Oesterreich von einem Bündniß mit Preußen und Rußland abzuziehen. Mehr noch als alles dieses hätte den Kaiser die Stimmung seines Volkes, das sich, nach so vielen Opfern, erschöpft nach Ruhe sehnte, leiten sollen. Schon die Nachricht des abgeschlossenen Waffenstillstandes war allgemein als das wahrscheinliche Ende aller Drangsale mit Jubel begrüßt.

In Mainz gab man sich den größten Hoffnungen hin; ohne bestimmte Hoffnungen und Aussichten für die Zukunft schien für den Augenblick nichts erwünschter als ein baldiger Friede. Genug Opfer hatte die Stadt dem maßlosen Ehrgeize des Kaisers gebracht, eine Ueberzeugung, die immer lebhafter wurde, je mehr und öfter die Stadt die traurigen Folgen des Krieges in der Nähe kennen lernte. So langten nach den erwähnten Schlachten eine Menge von Verwundeten und Kranken hier an; es kamen die Leichen der im Mai gefallenen Herzöge von Istrien und Friaul. Wem hätte da nicht bangen sollen bei dem Gedanken, daß man immer erst am Anfange des Krieges stehe, und soviel Opfer ohne Zweck gefallen seien?

Anders dachte Napoleon. Den Waffenstillstand nahm er gerne an um die Zeit gehörig zu benutzen, damit er bei Wiederausbruch der Feindseligkeiten mit Ueberlegenheit im Felde erscheinen könne. Darum richtete er es so ein, daß die auf den Waffenstillstand gefolgten Friedensverhandlungen in Prag, wo vorerst eine Verlängerung des Waffenstillstandes vereinbart worden, durch Erhebung kleinlicher Anstände zu keinem bestimmten Resultate kamen. Das geeignetste Mittel zur Verzögerung seiner Erklärungen schien eine Reise nach dem Rheine; denn bis von Prag die Anfragen eintrafen und von hier aus die Antworten ergingen, mußten immerhin einige Tage verfließen.

Der Entschluß war kaum gefaßt als am 23. Juli 1813 die telegraphische Nachricht nach Mainz gelangte, daß die Kaiserin alsbald in Mainz eintreffen und eine Zusammenkunft mit ihrem Gemahl haben werde. Vielfach fragte man sich, was inmitten des Geräusches der Zubereitungen zu einem neuen Kriege diese Zusammenkunft zu bedeuten habe? Wollte der Kaiser, so fragte man sich, etwa durch seine Gemahlin auf den Schwiegervater, dessen Haltung immer drohender wurde, einwirken? oder wollte er bei Marie Louise erforschen, was sie von den Absichten ihres Vaters wisse? Solchen an sich nicht ganz unwahrscheinlichen Motiven gegenüber tauchte auch hie und da die Ansicht auf, Napoleon habe nichts Geringeres vor, als den Kaiser von Oesterreich nach Mainz zu locken und ihn so zum Frieden und besser

Vermittlung in seinem Sinne zu zwingen. Daß man so etwas nur andeutete, beweißt hinlänglich, wessen man den Kaiser fähig hielt.

Am Morgen des 26. Juli langte die Kaiserin mit glänzendem Gefolge in Mainz an und noch an demselben Tag — gegen Abend — traf Napoleon bei ihr ein. Während eines fünftägigen Aufenthaltes in Mainz widmete der Kaiser seine Zeit der Musterung der hier liegenden, zu den Corps von Augereau und St. Cyr bestimmten Truppen, der Besichtigung der Festungswerke, der Erledigung von Regierungsgeschäften, der Regelung seiner Finanzen und der Besprechung mit den Großherzögen von Hessen, Baden und Frankfurt. Diese zur Schau getragene Geschäftigkeit mußte alsbald den Mainzern die Augen über die nächsten Absichten des Kaisers öffnen; vom Frieden durfte seine Umgebung nichts reden; noch war dem Kaiser jede warnende Stimme so unbequem, daß er dem Herzoge von Rovigo (Savary), der von der Stimmung des franz. Volkes am Besten unterrichtet, den Kaiser in Mainz zum Frieden bestimmen wollte, befahl, Paris nicht zu verlassen.

Am 1. August verließ Napoleon des Nachmittags um 6 Uhr die Stadt; unter Thränen winkte die Kaiserin ihrem Gemahle, als er am Balkon des Palastes (— Deutsch Ordens-Haus —) wo er kurz vorher noch an ihrer Seite gestanden, vorbei nach der Rheinbrücke fuhr, den Scheidegruß nach. Es mochte ihr wohl schwer um's Herz sein, wenn sie bedachte, welch' wichtiger Entscheidung ihr Gemahl entgegen ging. Dazu kam noch, daß die Haltung Oesterreichs einen offenen Kampf zwischen ihrem Vater und ihrem Gatten in Aussicht stellte, der für sie, er mochte ausgehen wie er wollte, verhängnißvoll sein mußte. Daher die Thränen, mit denen sie Napoleon empfing und die bei jeder Unterredung von Neuem flossen. Am Tage nach der Abreise ihres Gemahls (— 2. August —) verließ Marie Louise unter Kanonendonner und Glockengeläute die Stadt, um sie nie mehr als Kaiserin zu betreten.

Napoleon war von Mainz nach Dresden, dem Schauplatz des bevorstehenden Krieges geeilt, wohin ihm eine Reihe neugebildeter Regimenter aller Waffengattungen, die ihren Weg durch Mainz genommen, folgten. Die Kämpfe seit dem Ablauf des Waffenstillstandes (16. August) sind zu bekannt, als daß wir ihrer näher zu gedenken brauchten. Daß sie nach den Berichten des französischen Moniteurs und seiner deutschen Nachtreter alle zu Ungunsten der Verbündeten ausfielen, das verstand sich nach dem bekannten Styl der Bulletins von selbst; auch war es bei der schwierigen Stimmung der französ. Nation mehr als je geboten, die Gemüther in Athem zu halten und über die wahre Lage des Kaisers zu täuschen. So wurde denn am 30. August in Mainz die Nachricht verbreitet, der Kaiser habe am 26. August bei Dresden einen großen Sieg erfochten und seit dem 23. seien französische Truppen in Berlin eingerückt, feierliches Te Deum und Züge von Gefangenen mußten die Erfolge Napoleons bestätigen. Noch war der Jubel nicht recht verklungen als ein zweites Te Deum für die Siege vom 26. und 27. September abgehalten wurde. So ging es fort, der Art, daß, als schon die Schlacht bei Leipzig entschieden war, die Nachricht neuer Siege, ja einer vollständigen Niederlage der Verbündeten eintraf, der ein großer Zug von Gefangenen folgen sollte.*) Eben stand schon „die gute Stadt Mainz" im Begriffe, um die Vergünstigung nachzusuchen, durch eine Deputation den Ausbruch ihrer Ergebenheit zu den Füßen des Kaisers gelangen lassen zu dürfen, als plötzlich die Mittheilung kam, der Kaiser werde demnächst in Mainz ein-

---

*) Die Mainzer Zeitung vom 23. Oktober brachte noch die Mittheilung, daß nach einer Depesche des Generals Bertrand vom 19. Oktober „der Kaiser den Feind neuerdings vollkommen geschlagen habe und S. M. sich im besten Wohlsein befänden." Erst am 30. Oktober brachte diese Zeitung die Kriegsnachrichten vom 7.—23. Oktober, wonach die Franzosen in den Ebenen von Leipzig Sieger gewesen, durch den Mangel an Munition zu einer schleunigen Bewegung nach Erfurt genöthigt worden seien, wodurch „sie auf die Früchte von zwei Siegen, in welchen sie mit soviel Ruhm „einen an Zahl weit überlegenen Feind und die Heere des ganzen Continents geschlagen hatten," verzichten mußten. „Das ganze Kriegsunglück wurde der Sprengung der Leipziger Brücke zugeschrieben. Die Unordnung, welche hierdurch entstand, veränderte die ganze Gestalt der Dinge; „die „siegreiche französische Armee kam wie ein geschlagenes Heer in Erfurt an."

treffen. Gleichsam im Vorgefühl der Wendung der Dinge hatten die Väter der Stadt in einer damals nach höherer Anleitung entworfenen, in Folge der eingetretenen Katastrophe nicht abgesandten Abresse die kaiserliche Regierung versichert, daß die Bürger der Stadt, des wichtigsten Vorpostens von Frankreich, dem Feinde zeigen würden, wie sehr sie die Wichtigkeit ihrer Stellung erfaßt hätten und daß sie freudig zu den größten Opfern für die Rettung des Vaterlandes bereit wären. Zu bald nur sollte die Zeit der Prüfung, die man selber herausgefordert, kommen.

In Leipzig war am 18. Oktober 1813 der entscheidende Schlag erfolgt, der Napoleons Herrschaft in Deutschland ein Ende machte. Vor den verfolgenden Heeren zog sich der Kaiser über Weißenfels, Erfurt, Gotha nach Hanau; schon gab er sich bei der läßigen Verfolgung der Hoffnung hin, unangefochten mit den Trümmern seiner Armee den Rhein erreichen zu können, als er bei Hanau den Weg durch Wrede verlegt sah. Nach hartnäckigem Kampfe (30 und 31 Oktober) eilte Napoleon nach Frankfurt und von da nach Mainz, wo er am 2. November anlangte. Vor ihm und dem Reste der Armee hatten schon zur Zeit der Schlacht von Hanau einzelne Züge von Soldaten, die bei der allgemeinen Zuchtlosigkeit von der geschlagenen Armee sich losgetrennt hatten, die s. g. Fricoteurs, den Weg nach Mainz genommen und hierher die Kunde von der namenlosen Noth der Franzosen gebracht. Welche Bestürzung diese Nachrichten in der unvorbereiteten, mit Proviant und Truppen schlecht versehenen Stadt hervorriefen, läßt sich denken. Mit jedem Tage steigerte sich die Angst, zumal nach der ersten Begegnung in Hanau die Besorgniß ausgesprochen wurde, Wrede werde sogleich auf Mainz losmarschiren. Der alte Marschall Kellermann ließ in Eile die Brücke bei Hochstädt abbrechen, um den Feind aufzuhalten. Am 2. November kam Napoleon nach Mainz und mit ihm die Vorhut der Armee. Die Jammertage, die nunmehr folgten, sind unvergeßlich für die Mainzer als die Zeit der Retirade. —

Die Retirade.

„Un blessé n'est qu'un fardeau."

Keine Zeitung hatte den Mainzern eine wahrheitsgetreue Schilderung der Kämpfe von Leipzig und Hanau gebracht; allein das Aussehen der großen Armee, deren einzelne Theile vor wenig Monaten noch so stolz durch die Stadt gezogen waren, ließ das Geschehene in seinem ganzen Umfange ahnen. Selbst die offiziellen Berichte traten den Rückzug an und statt der hochtrabenden Worte der letzten Zeit, hieß es jetzt etwas kleinlaut: die Armee habe nach so viel glänzenden Vortheilen ihre siegreiche Haltung verloren. Sie hatte in der That mehr verloren als die Haltung; von einer Armee war ohnehin keine Rede mehr, denn außer dem IV. Armeecorps und der alten Garde, existirten die verschiedenen anderen Armeecorps nur noch dem Namen nach. Viele Opfer hatten die Schlachten verschlungen; nicht geringer war der Verlust auf dem Rückzuge. Von Leipzig nach Mainz war der Weg mit Leichnamen angefüllt. Es konnte, so berichtet ein Augenzeuge, nichts Unangenehmeres und Ekelhafteres geben, als der französischen Armee auf dem Fuße zu folgen; längs der großen Straße lagen Leichen oder im Sterben begriffene Menschen; die Gefangenen, die man einbrachte, trugen den Tod in den Gesichtern; kurz man konnte nicht ohne Ekel daran denken, daß man vielleicht auf demselben Stroh schlafen sollte, als diese Nervenfieber-Armee, welche noch über dies auf der Straße, welche sie marschirte, die Einwohner angesteckt und Alles, was an Lebensmitteln vorhanden war, aufgezehrt hatte. Gleiches wird erzählt von dem Wege von Hanau nach Mainz; auch hier gingen Soldaten und Fuhrwerk über Menschenleichen hinaus. Gleich das erste Eintreffen der französischen Truppen in unserer Gegend gab einen Vorgeschmack von dem, was in der Folgezeit zu erwarten stand und beurkundete, daß aus der geschlagenen Armee alle Zucht und Ordnung gewichen war. Als nämlich die ersten Trümmer derselben am Rhein ankamen, erhielten die Bewohner von Kostheim den Befehl, in einem Umkreise von 1200 Schritten ihre Obstbäume und Weinreben in der Zeit von 24 Stunden abzuhauen und auszureißen. Kaum hatte man Anstalt gemacht, diesem Befehle Folge zu leisten, als die inzwischen eingetroffene Garde den Ort feindlich überfiel, plünderte und in Brand setzte. Obdachlos irrten die Bewohner dieses während der französischen Kriege am schwersten heimgesuchten Dorfes umher, bis sie zuletzt in Castel und Mainz Unterkunft fanden. *)

An Allerheiligen des Jahres 1813 begannen die flüchtigen Franzosen ihren Marsch über die Rheinbrücke, ohne Ordnung, alle Truppengattungen durcheinander gemischt; von einzelnen Divisionen waren nur noch einige wenige Soldaten zu sehen. Acht Tage lang marschirten Truppen über die Brücke, deren Schiffe unter der Last oft so tief gingen, daß sie nahe daran waren Wasser zu schöpfen. Im Ganzen rechnet man die Zahl der Truppen, die den Rhein erreichten, auf 60,000 Mann, von denen nur noch 40,000 bewaffnet waren.**) Für so viel Mannschaft war in der Stadt hinreichende Unterkunft um so weniger zu finden, als hier noch eine Menge Rekruten lagen, die zur Haupt-Armee hatten stoßen sollen, und als seit den Monaten September und Oktober ein Theil der öffentlichen Gebäude zur

---

*) Nach einer auf Befehl des Grafen Morand vorgenommenen Abschätzung belief sich der Schaden der Kostheimer auf 680,000 Francs; später stellte er sich als höher heraus und zwar fast auf's Doppelte. Da die Felder meistens verwüstet waren und im darauf folgenden Jahre Mißerndte eintrat, steigerte sich das Unglück so, daß von allen Seiten für die Einwohner Kostheims gesammelt werden mußte.

**) Marmont's (Herzog von Ragusa) Denkwürdigkeiten, Buch 18.

Aufnahme der massenhaft eingebrachten Verwundeten und Gefangenen verwendet worden. Es blieb nichts übrig, als die Soldaten, die großen Theils den Keim des Todes in sich trugen, bei den Bürgern einzuquartieren, oder sie auf den Wällen oder auf den öffentlichen Plätzen der Stadt bivouquiren zu lassen. So lag leichte Infanterie in den Festungswerken, die Kaisergarde auf dem Schloßplatze, Lanciers auf dem Thiermarkte. Den Lagerstätten entsprach die Verpflegung der Truppen. Drei Tage, so erzählt ein Zeitgenosse, hatten wir in Mainz keinen Bissen Brod zu essen; aus Hunger fraßen die Pferde an den Rinden der Bäume. Um einigermaßen Ordnung in die Massen zu bringen, wurde ein Tagesbefehl erlassen, der den einzelnen Armeecorps Sammelplätze in den Kirchen der Stadt anwies. Es war nicht möglich, diese Maßregel auszuführen, denn massenhaft strömten die Soldaten unter dem Rufe: „sauve qui peut!" zu den Thoren der Stadt hinaus, die, wie wir bald sehen, in wenig Tagen zu einem großen Leichenhause ward.

Wie der Stadt, so erging es der Umgegend wohin die Reste französischer Armeecorps verlegt wurden. Das II. Corps unter Dubreton wurde nach Worms, das III. Corps unter Ricard nach Bechtheim, das V. Corps unter Albert nach Ober- und Nieder-Ingelheim, das VI. Corps unter Lagrange nach Oppenheim, und das VII. Corps unter Durutte nach Kastel beordert. Von dem IV. Armeecorps unter Bertrand blieb eine Division unter Guilleminot in Hochheim, (— auf welchen Punkt Napoleon großes Gewicht legte —) während der Rest in Echelons aufgestellt, sich an die Verschanzungen zwischen Hochheim und Kastel anlehnte. Die Cavallerie ward großentheils außerhalb der Stadt Mainz untergebracht um die Nachzügler und Versprengten zusammenzutreiben.

Die Last der Einquartierung und der unter den obwaltenden Umständen alsbald sich einstellende Mangel an Nahrungsmitteln waren nur geringe Uebel im Vergleich mit dem, was Mainz in jenen Tagen beschieden war. Mainz war das Ufer, gegen welches nach schrecklichem Schiffbruche die Opfer des Sturmes getrieben wurden. Der größte Theil der jugendlichen, durch die rastlosen Märsche und Entbehrungen ermatteten und durch die letzten Ereignisse beunruhigten Armee ward auf dem Rückzuge von Leipzig vom Typhus ergriffen, der mit rasender Schnelligkeit sich verbreitete. In Mainz, wo man auf einen solchen Ausgang nicht gefaßt war, mußte beim Anmarsch der Truppen der Mangel an Allem, was für den Augenblick Noth that, das Elend noch vermehren. Seit dem Beginne des Feldzugs hatten die Mainzer in den Spitälern die Kranken und Verwundeten gepflegt, deren Zahl mit jeder Schlacht sich mehrte. Alle Krankenhäuser waren sonach besetzt. In Eile wurden längs des Rheines in den Cavalleriestallen, in Kirchen, in öffentlichen Gebäuden und in Baracken Spitäler hergerichtet, in denen einige Haufen Stroh das einzige Lager der Kranken bildeten; Pflege wurde den Letzteren durch die Bürger zu Theil, die im Gegensatz zu den gegen ihre eigenen Landsleute rücksichtslosen Franzosen ohne Unterschied des Alters, Geschlechts und Standes in den Werken der Barmherzigkeit wetteiferten. Die gräßliche Krankheit spottete allen Anstrengungen; so kam es vor, daß in einem einzigen Spitale, nämlich in der Douane, 300 Soldaten an einem Tage starben.*) Die Noth zu vergrößern kamen in den ersten Tagen des November die Kranken, die in den Lazarethen auf dem Weg von Leipzig waren zurückgelassen worden, hier an. Wie sie von Frankfurt, wo sie zuletzt noch gepflegt wurden, in Mainz anlangten, erzählt uns ein Augenzeuge:**) „Nichts war hier vorbereitet, um die vielen Tausende von Unglücklichen aufzunehmen, die lebendigen Gespenstern glichen und 14 Tage lang ohne Unterbrechung anlangten. Bald waren Spitäler, Kirchen, das Lyzeum und die Douane unzureichend, um die Kranken und Verwundeten zu fassen; man quartierte sie in die Privathäuser ein; 15,000 derselben fanden hier Obdach und wurden von den wackeren Einwohnern gut verpflegt. Allein noch immer kamen neue Schiffe mit Unglücklichen an; es war unmöglich diese unterzubringen. Man sah 96 Stunden lang die Straßen mit Sterbenden angefüllt; sie gaben auf den Stufen vor den Hausthüren

*) Marmont, Buch 19.
**) Sepulcres de la grande armée. Paris 1814.

den Geist auf oder lagen an den Straßenpfeilern in Erwartung, daß ein Leichnam aus einem Hause getragen würde und sie dessen Stelle einnehmen könnten. Der Tod schwang seine Sichel allenthalben. Die Ruhr entkräftete Jeden; bald war die Stadt ein großer Kothhaufen. Die Luft war verpestet. Die fürchterliche Epidemie nahm in den Spitälern und in den Privathäusern immer mehr zu; die Einwohner wurden davon ergriffen. Täglich starb eine ungeheure Menschenzahl. Die Krankheit theilte sich ganzen Regimentern mit, die auf dem Paradeplatze und anderen öffentlichen Plätzen im Koth bivouaquirten. Vom 7. bis 20. November starben täglich bis 500 Personen, worunter ein Achtel Bürger und sieben Achtel Militär. Unter den Letzteren waren viele Verwundete, die seit ihrer Abreise von Leipzig nicht verbunden worden waren; der Brand hatte sich in ihre Wunden gesetzt. Bald wären allenthalben Leichname zu sehen; die Einwohner warfen sie auf die Straßen; Niemand brachte sie weg; sie blieben oft vier Tage auf dem Pflaster liegen."

Kein Wort in dieser Schilderung des französischen Augenzeugen ist übertrieben. Es gehörte zu den täglichen Erscheinungen auf den Straßen und Plätzen der Stadt, sowie auf den Wegen außerhalb der Thore Leichen zu sehen, so daß der Anblick derselben, der anfänglich Entsetzen erregt und den Grund vieler Todesfälle abgegeben hatte, zuletzt keinen Eindruck mehr machte. Es streift an's Unglaubliche was über die Behandlung der Todten und Sterbenden erzählt wird. Im alten Schlosse, wo das größte Spital eingerichtet war, wurden die Leichen aus den Fenstern in den Hof geworfen, um von dort weiter geschafft zu werden; wie Mancher ward zum Fenster hinausgeworfen, der noch Leben in sich hatte! Um sich die Arbeit mit dem Wegschaffen der Cadaver aus den Krankenzimmern zu vereinfachen, wurden im Schloßspitale die Balken der einzelnen Zimmer in den oberen Stockwerken durchschnitten, und so die nackten Leichen in die unteren, jetzt als Magazine verwendeten Räume geworfen. An Tausend Leichen waren dort aufgehäuft, als General Reiset den Stadtrath Kraetzer, dem die Sorge um die „salubrité de la ville de Mayence" übertragen war, zu sich kommen ließ und ihm auftrug, die Wegschaffung derselben alsbald bethätigen zu lassen. Auf Leiterwagen wurden die Opfer der Epidemie durch die Stadt vor das Münsterthor gefahren, wo große Gruben sie aufnahmen. Von Tag zu Tag ließ nunmehr Kraetzer Wagen herum fahren, um die Straßen von den Leichen zu räumen.

Ueber die Zahl der im November und Dezember 1813 in Mainz verstorbenen Soldaten und Bürger haben wir nur annähernde Mittheilungen. Marmont in seinen Denkwürdigkeiten schätzt den Verlust des Militärs auf 14,000 Mann; die Sterbfälle unter den Bürgern mögen sich auf etwa 30 jeden Tag belaufen haben.*) Nach anderen Aufzeichnungen starben in der Zeit vom 18. November bis Ende Dezember 1813 an Civil- und Militärpersonen nahezu 7000 Seelen. In den Civilstandregistern der Stadt Mainz für das Jahr 1813 sind in der Zeit vom 1. November bis letzten Dezember im Ganzen 2617 Sterbfälle (Civil und Militär betreffend) eingetragen, wobei man jedoch nicht übersehen darf, daß bei der großen Sterblichkeit und der allgemeinen Unordnung über die Mehrzahl der Sterbfälle keine Anzeigen gemacht wurden.

In jenen Tagen der Noth leuchtete als Muster liebevoller Aufopferung der höchste Beamte des Departements Baron St. André allen anderen voran. Entrüstet über die Pflichtvergessenheit der militärischen Beamten, die sich beim Ausbruch der Katastrophe aus dem Staube gemacht hatten — ein Vorwurf, der ganz besonders den General-Intendanten Daru trifft — eilte er mit Hintenansetzung seiner Person an die Stätten des Unglücks, in die Spitäler, um persönlich für Ordnung und Verpflegung die nöthigen Maßregeln zu treffen, bis auch er, zu Ende November 1813, von der herrschenden Krankheit angesteckt wurde. Zehn Tage lang hatte er zu kämpfen; schon hatten die Aerzte geglaubt, ihn der Besserung näher gebracht zu haben, als er am Abende des 10. Dezember unterlag. Von allen Beamten, die aus dem fremden Lande auf deutsches Gebiet berufen worden, hatte kein zweiter sich wie er die allgemeine Achtung und Liebe

---
*) Dr. Chouffe, Maladie de Mayence.

seiner Untergebenen erworben, so daß es wohl gerechtfertigt sein dürfte, auf die Lebensgeschichte dieses merkwürdigen Mannes zu verweisen. Jeanbon St. André, im Jahre 1749 zu Montauban (Departement Tarn und Garonne) geboren, erhielt im Jesuiten-Collegium seiner Vaterstadt den ersten Unterricht und widmete sich, nachdem er vorübergehend zur See und im Handel sein Glück versucht hatte, dem Studium der Theologie, wozu ihn neben seinen Kenntnissen ein glückliches Rednertalent befähi te. Er hatte bereits die Stelle eines reformirten Predigers erlangt, als die französische Revolution ausbrach; mit Begeisterung erfaßte sein ohnehin lebhaftes Gemüth die neuen Ideen, deren Verwirklichung herbeizuführen sein Hauptbestreben von jetzt an ward. In dem Lot-Departement mit Laboissière, Clebel, Cayla u. A. als Volksrepräsentant erwählt, nahm er im Convent seinen Sitz auf dem Berge. In dem alsbald nach dem Prozesse des Königs ausgebrochenen Kampfe gegen die Gironde bewährte sich Jeanbon als befähigten und glänzenden Redner und Hauptstütze der Bergpartei, die ihn in Anerkennung seiner Dienste zum Mitgliede des Wohlfahrts-Ausschusses, dem Mittelpunkt aller Gewalten, bestimmte (— Juni 1793 —) eine Stellung, in welcher er bei den jedesmaligen Ersatzwahlen bis zum August 1794 verblieb. In diesem Comité wurde Jeanbon mit der Verwaltung des Marinewesens beauftragt und dadurch, zu seinem Glücke, von den Schreckensscenen in Paris und den schändlichen Verhandlungen seiner Collegen ferngehalten. Die ihm zugewiesenen Geschäfte führten ihn im Herbste 1793 nach Brest und Toulon, — vor welch' letzterer Stadt er den jungen Artillerie-Offizier Bonaparte kennen lernte und befördern half — und im Frühjahr 1794 wiederum nach Brest und auf die See, wobei er mit den Engländern in einen Kampf verwickelt wurde, der mit dem Rückzug der Franzosen und der Verwundung Jeanbon St. André's endete. (28. Mai bis 1. Juni 1794.) Nach Paris zurückgekehrt, fand J. B. St. André die Macht seiner Partei gebrochen, die Ausschüsse mit Gemäßigten besetzt und die Häupter der Bergpartei verfolgt. Noch entging er für's Erste dem Schicksale seiner Genossen. Als aber nach Rückkehr des

Restes der Gironde die letzte Musterung des Berges vorgenommen wurde, schickte man auch ihn mit acht Gesinnungsgenossen (darunter der Maler David und Robert Lindet) in's Gefängniß, doch nur für kurze Zeit da bald (20. Oktober 1795) ein allgemeines Amnestie-Dekret erfolgte. Der eben drohenden Gefahr kaum entronnen, wurde J. B. St Andre von dem französischen Direktorium zu zwei verhängnißvollen Missionen verwendet, neben welchen die Haft im Mai 1795 nur als ein leichtes Spiel erschien. Zuerst ward er als Consul nach Algier geschickt, auf welchem gefährlichen Posten er drei Jahre aushielt bis ihn plötzlich Dey Mustapha bei Beginn der Feindseligkeiten mit Frankreich verhaften (19. Dezember 1798) und zum Lande hinaus bringen ließ. Ein schlimmeres Loos harrte seiner auf dem zweiten Posten, in Smyrna; kaum hier angelangt, erklärte die Pforte der französischen Republik den Krieg. St. Andre wurde gefangen genommen und auf Betreiben der Engländer, die ihm wegen seiner früheren Stellung schon lange Rache geschworen, von Gefängniß zu Gefängniß geschleppt und mißhandelt, bis er nach 3jähriger Haft auf Verwenden des russischen Kaisers wieder entlassen wurde. Was immer Jeanbon St. Andre als Jacobiner mag verschuldet haben, er hat es durch die Leiden der Gefangenschaft gesühnt Darum nahm auch der erste Consul, der sonst jede Berührung mit der früheren Bergpartei vermied, kein Bedenken, den fähigen Mann, der ihn vor Toulon befördert hatte, in seine Dienste zu nehmen. St. Andre ward Commissaire du Gouvernement in den 4 linksrheinischen Departementen (29. Frim. X.) und nach deren Incorporation Präfect des Departements Mont Tonnère. Die Wahl war für unsere Gegend die glücklichste. Hier, wo Unordnung und Unterschleife in bedenklichem Grade sich eingeschlichen hatten, wo Räuberbanden die kärglichen Ersparnisse der Bürger und Bauern gefährdeten, bedurfte es eines energisch eingreifenden Mannes. J. B. St. Andre hat seine Aufgabe glänzend gelöst; in kurzer Zeit war aller Unrath beseitigt und der Grundstein zu besserem Fortkommen durch Beförderung des Handels und des Ackerbaues gelegt. Gewissenhaft in Erfüllung seiner Amtspflichten war er der einzige Präfect des Reiches, der es wagte, die Bewohner seines Departements gegen die Uebergriffe der napoleonischen Militärherrschaft zu schützen, indem er bald die Zurücknahme gehässiger und drückender Verfügungen bewirkte, bald auf eigene Gefahr dieselben nicht vollziehen ließ. Dankbar erkannten die Mainzer die Verdienste des Präfecten an. Sie empfanden es wohl, daß im Gegensatze zu seinen Amtsvorgängern, die nur daran dachten, die Provinzen nach französischem Muster herzurichten und ihre Stellung im eigenen Interesse auszubeuten, Jeanbon St. André den Bedürfnissen des Volkes nachspürte und das, was er für gut und nützlich erachtete, unbeirrt durchzusetzen sich bemühte. Darum mußten selbst die Gegner der Franzosen einräumen, daß der Präfect bei allen menschlichen Schwächen ein Mann von großem Geiste war, der sein Departement aufrichtig liebte.

Nach dem Ableben des Präfecten übernahm der bisherige Präfecturrath Moßdorf provisorisch dessen Functionen, in denen er auch bis zu Ende der französischen Herrschaft verblieb, da der an Stelle von J. B. St. André am 23. Dezember 1813 ernannte Graf von Arberg keine Gelegenheit mehr fand in die Stadt zu kommen.

Die Blokade.

Während die Epidemie in Mainz wüthete und alle Ordnung der Dinge sich zu lösen begann, indem Jeder, von der Noth des Augenblicks gedrückt, nur an sich selber dachte, war die Stadt Mainz und deren Umgebung als Schauplatz der demnächstigen kriegerischen Verwickelungen ein Gegenstand lebhafter Verhandlungen der siegreichen Alliirten. In Frankfurt a. M., wo die verbündeten Fürsten mit ihren Generalen und Diplomaten zu Anfang November zusammentrafen, stritt man sich, ob der Krieg fortgesetzt werden solle oder nicht. Während die Einen die Möglichkeit friedlicher Vermittlung im Auge hatten oder die Unzulänglichkeit der im Augenblick zu Gebote stehenden Kräfte betonten, suchte das Blücher'sche Hauptquartier den Plan, die Franzosen über den Rhein hinaus zu verfolgen, zur Geltung zu bringen. In diesem Sinne rieth denn auch Knesebeck am 7. November im Kriegsrathe, man solle Napoleon bei Mainz festhalten, Bülow Holland erobern lassen, sich scheinbar auf Winterquartiere einlassen, um dann unerwartet vorzubrechen. Vorerst kam es noch zu keinem Entschlusse. Einstweilen beschränkte sich Fürst Schwarzenberg darauf, den Rest der Franzosen, der noch auf der rechten Rheinseite stand, die Division Guilleminot's, aus Hochheim zurückzuwerfen, zu welchem Zwecke Graf Giulay, Fürst Aloys Lichtenstein und Graf Bubna gegen genannten Ort vorrückten, den die Franzosen nach hartnäckigem Kampfe räumten (— 9. November —). Die Heere der Verbündeten nahmen darauf ihre

Stellungen der Art, daß die schlesische Armee die Linie zwischen Coblenz und dem Main, das Hauptheer die Linie zwischen Main und Neckar, die österreichisch-bayerischen Truppen die Strecke bisLahr besetzten.

Der schlesischen Armee ward vorläufig die Blokade von Mainz übertragen, wobei das York'sche Corps den rechten Flügel der Blokade mit dem Hauptquartier Wiesbaden, das Corps von Sacken den linken Flügel bis an den Main bilden und Langeron hinter Beiden in Reserve bleiben sollte. In Folge dieser Anordnung marschirte Sonntags den 14. November 1813 das York'sche Corps über den Taunus nach Wiesbaden. „Auf der Platte erblickte man den blinkenden Rhein und begrüßte ihn mit lautem Jubel." Vom 15. November an hatte nunmehr dieses Corps den rechten Blokadenflügel und dehnten sich seine Cavallerieposten am Rhein hinab bis Ehrenbreitstein aus.

Bald gewannen selbst die Nachsichtigsten im Hauptquartiere die Ueberzeugung, daß mit Napoleon, dem es bei allen Unterhandlungen nur darum zu thun war, Zeit zu gewinnen, ein Friede nicht zu erzielen sei. Der Krieg ward demnach am 1. Dezember 1813 beschlossen. Noch an demselben Tage hielt der König von Preußen Revüe über das in Wiesbaden liegende Corps. „Man hatte sich, so erzählt Droysen,*) so nett als möglich gemacht; freilich neue Montirung gab es noch nicht; genug, daß die Löcher zugeflickt waren. Aber die Waffen waren blank und die Herzen treu und die Blicke stolz. Angesichts des Rheines von Mosbach nach Erbenheim standen die Truppen, den Franzosen in Front in Fort Montebello und auf der Petersau sichtbar; ein paar Paßkugeln, wie um sich zu melden, schossen sie ab, als der König vom Kronprinzen, von Blücher, York rc. begleitet, unter dem jubelnden Hurrah der Truppen an der Front hinabritt. Dann folgte der Vorbeimarsch der Truppen. Der König bezeigte seine Zufriedenheit."

Von jetzt an begannen die Vorbereitungen zur Fortsetzung des Krieges. Die große Armee zog sich rheinaufwärts, um durch die Schweiz gegen das Plateau von Langres vorzurücken, während die schlesische Armee sich rüstete, am 1. Januar den Rhein

---
*) Droysen, Leben York's II. S. 208.

zwischen Mannheim und Coblenz zu überschreiten und geradezu auf Metz zu marschiren. Ein Theil der schlesischen Armee war zur Blokade von Mainz und zur Deckung der rechten Flanke bestimmt. Alle diese Anordnungen wurden mit der größten Vorsicht ausgeführt, um den Feind über die nächsten Vorgänge im Zweifel zu lassen. Damit war der Weg zu diplomatischen Weiterungen abgeschnitten.

Sehen wir nun, was von französischer Seite geschah. Während seines 5tägigen Aufenthaltes in Mainz hatte Napoleon Gelegenheit sich zu überzeugen, wie unvorsichtig es gewesen, die künftige Vertheidigung der Rheingrenze außer Acht zu lassen; denn in den Festungen längs des Rheines von Straßburg bis Wesel fehlte es an Proviant, Material und Besatzung. Rasch entwarf nunmehr der Kaiser seine Dispositionen der Art, daß dem Herzoge von Belluno in Straßburg das Commando der Rheinlinie von Hüningen bis Landau, dem Herzoge von Ragusa in Mainz mit dem III., V. und VI. Armeecorps, das Commando von Landau bis Andernach und dem Herzoge von Tarent in Cöln das Commando am Niederrhein übertragen wurde. Zur Besatzung von Mainz wurde das durch Rekruten zu ergänzende IV. Armeecorps unter Bertrand bestimmt, bestehend aus den Divisionen Morand und Guilleminot, sowie den Divisionen Durutte und Semélé; (— beide letzteren früher zum 7. und 16. Armeecorps gehörig —) weiter wurden noch die leichte Cavallerie der Garde und die Dragoner des V. Corps beigegeben. Ein Theil dieses IV., von Napoleon zur Avantgarde für den Feldzug des kommenden Frühjahrs bestimmten Corps lag, wie bereits erwähnt, in Hochheim, wurde aber von dort, ehe es noch die Befestigungen der Umgegend vollendet hatte, zurückgeworfen (— 9. November —) und mußte sich auf Kastel zurückziehen. Im Commando des IV. Armeecorps trat gleichzeitig eine Aenderung ein, indem am 18. November an Stelle des zum Palastmarschall beförderten Grafen Bertrand der General Graf Carl Anton Ludwig Alexis Morand ernannt wurde.

Dem Vorfalle bei Hochheim folgten bald Bewegungen, die man hier auf den Beginn eines neuen Feldzuges deuten mußte.

Marmont schloß auf einen beabsichtigten Rheinübergang und beeilte sich dem Kaiser (19. November) darüber Bericht zu erstatten mit der Meldung, daß er an den Mündungen des Neckar und der Lahn, sowie in der Nähe von Worms, als möglichen Uebergangspunkten, die nöthigen Vorkehrungen angeordnet habe. „Das Gros der feindlichen Armee, so schreibt er in seinem Berichte, ist noch immer gegenwärtig, der Rhein ist sorgfältig besetzt, aber sie cantonnirt mehrere Stunden dahinter; es scheint gewiß, daß ein Truppencorps, welches auf 15 bis 20,000 Mann geschätzt wird, vor Kehl vorbeigegangen ist und seinen Marsch nach dem Oberrhein fortgesetzt hat. Die Vorposten der preußischen Armee am Rheine beginnen zwischen Bingen und Coblenz, alles was weiter hinaussteht, sind Russen oder Preußen."

Die Befürchtungen Marmont's schienen bei dem Kaiser keinen Eingang zu finden. Am 20. November schrieb er dem Marschall, er halte es nicht für wahrscheinlich, daß der Feind versuchen werde, über den Rhein zu gehen. „Lassen Sie, so schreibt er, Ihre Truppen in Ruhe und ängstigen Sie sich nicht. Jedenfalls wird der Feind, wenn er über den Rhein geht, über den Niederrhein gehen." Daß sich der Kaiser nach beiden Seiten verrechnet hatte, machten die nächsten Tage erkenntlich. Am 25. November meldete Marmont dem Kaiser, daß Batterieen an den Ufern des Rheines in der Nähe von Mannheim errichtet und dort viele Truppen in Eile zusammengezogen würden, sowie, daß die Verlegung des Hauptquartiers des Fürsten Schwarzenberg nach Mannheim bevorstehe. Aus allen Umständen und den letzten Bewegungen hielt Marmont einen Uebergang in der Gegend zwischen Mainz und Landau für wahrscheinlicher als eine Operation auf der Strecke unterhalb Mainz, etwa bei Coblenz oder Bacharach. Demgemäß traf er auch seine Dispositionen, indem er eine Division des VI. Corps als Besatzung von Coblenz und Bacharach, das erste Cavalleriecorps (unter Doumerc) nebst einigen Corps Infanterie zur Vertheidigung der Nahe bestimmte, den Rest des Corps zwischen Worms und Mainz cantonniren ließ, sodann aber sein eigenes Hauptquartier von Mainz nach Worms verlegte. Damit bezweckte Marmont die Bewegungen des Feindes zu überwachen, den Feind, so viel möglich, von einem Uebergange abzuhalten und eintretenden Falls den Rückzug der Truppen zu sichern. In Mainz blieb, einer früheren Weisung des Kaisers zufolge, das IV. Corps als Besatzung unter dem Commando des Gouverneurs Morand zurück.

Schon vor seinem Wegzuge hatte Marmont mit Verproviantirung der Festung begonnen. Zu dem Behufe wurden die Bewohner der Departements Mont Tonnère, Saar, Rhin et Moselle aufgefordert, Wein, Branntwein, Essig, Früchte, Dürrgemüs, Hafer, Heu und Stroh gegen Bons in die französischen Magazine zu liefern; daneben wurden aus dem Departement Mont Tonnère Getreide und Schlachtvieh mit Gewalt, zum Theil ohne Entschädigung, weggenommen, wobei unterwegs mancherlei Unterschleife vorfielen. Eine Menge Ochsen wurden erst in den Festungsgraben untergebracht, dann später in den Dom zusammengetrieben, wo wegen Kälte und Feuchtigkeit, Mangel an Stroh und Futter ein großer Theil zu Grunde ging. Beim Wegzuge Marmonts waren die Proviantmagazine in gutem Zustande; es befanden sich hier 40,000 Centner Getreide und an 2600 Stück Ochsen.

Die Vorkehrungen zur Versorgung der Festung mußten sehr beschleunigt werden, denn die Bewegungen der alliirten Truppen längs des Rheines wurden immer drohender, so daß man französischer Seits bereits am 7. Dezember jede Communication vom einen Ufer des Rheines zum anderen verbieten mußte. Endlich in der Nacht vom 31. Dezember 1813 auf den 1. Januar 1814 wurde der lange und geheim vorbereitete Plan der Verbündeten in Ausführung gebracht. Die schlesische Armee überschritt den Rhein und zwar Sacken bei Mannheim, St. Priest bei Lahnstein, York, Kleist und Hühnerbein bei Caub und später an der letzteren Stelle noch Langeron. Letzterer nahm seine Richtung auf Mainz und warf den Brigade-General Choisi, der mit zwei Regimentern Garde d'honneur und etlichen 100 Mann Infanterie die Nahe beobachtete, zurück. Die außerhalb Mainz stehenden Truppen, nämlich die in Oppenheim und Bingen, zogen sich in aller Eile während die unterhalb Bingen befindlichen über den Hundsrück nach der Saar marschirten, wo sie sich mit den übrigen Truppen Marmont's vereinigten.

Vorerst war das Corps von Langeron, welches sich nach Mainz dirigirte, zur Blokade dieses Platzes ausersehen, bis die eigentliche Blokade-Armee formirt sein würde. Langeron's Truppen besetzten die um Mainz liegenden Dörfer Laubenheim, Hechtsheim, Marienborn, Bretzenheim, Finthen, Gonsenheim und Budenheim und schlossen die Stadt ein. Nach Verlauf einiger Wochen wurden sie durch das Blokade-Corps unter Herzog Ernst von Coburg abgelöst. Letzterem war zu Ende des Jahres 1813 das Commando über das V. Armeecorps der Verbündeten, bestehend aus den Contingenten vom Berg, Nassau, Waldeck, Lippe, Coburg, Meiningen, Hildburghausen und Mecklenburg, im Ganzen 9000 Mann, zugewiesen. Bis diese Truppen ausgerüstet waren, vergingen Monate, so daß erst im Februar 1814 der Herzog Ernst von Frankfurt a. M. aufbrechen und Langeron von Mainz ablösen konnte. Dem Herzoge wurden gleichzeitig russische Truppen zugetheilt, mit der Auflage, während der Dauer der Belagerung die Sicherstellung der Communication der großen Armee sowohl mit ihren Depots als mit den verschiedenen Festungen bis an die Grenzen Lothringens, sowie das Verpflegungswesen der Armee zu überwachen.

Mainz war seit dem 5. Januar 1814 von allen Seiten eingeschlossen. Zu wiederholten Malen hatte die Stadt Blokaden und Belagerungen mitmachen müssen; noch lebte bei den Einwohnern die Erinnerung an all' die Plagen, womit zu Ende des verwichenen Jahrhunderts bei solchen Fällen die Stadt war heimgesucht worden. Zu jeder anderen Zeit wären wiederum Furcht und Schrecken der Nachricht von der bevorstehenden Belagerung auf dem Fuße gefolgt; allein der Eindruck der Scenen seit November 1813 hatte die Gemüther so herabgestimmt, daß daneben eine andere Empfindung nicht aufkommen konnte. Es ging hier wie in den übrigen blokirten Städten Deutschlands. Die Bewohner, zur Mehrzahl der Partei der außenliegenden Truppen angehörig, ließen noch einmal geduldig all' den Druck über sich ergehen, die Franzosen wohl im Gefühle, daß es bald mit ihrer Herrschaft aus sei, zuletzt noch ausübten. Ueberdies ließ sich der Ausgang des beginnenden Kampfes leicht voraussagen. Wie Napoleons Kräfte gebrochen und seine Hülfsmittel beschränkt waren, davon hatte man sich im November 1813 hinlänglich überzeugen können. Was gerade Mainz betrifft, so war die Besatzung so schwach, daß sie auf die Dauer sich nicht halten konnte. Im Ganzen belief sich die Zahl der waffenfähigen Soldaten auf 15,000 Mann. Damit war um so weniger etwas anzufangen, als die Epidemie noch immer ihre Opfer verlangte und als die Ausbildung dieser neu ausgehobenen Truppen so mangelhaft war, daß zu Anfang des Monats Januar der Chef des Generalstaabs jeden Compagniechef mit Strafe bedrohte, dessen Soldaten in 8 Tagen ihre Flinten nicht laden könnten. Der Gouverneur Morand sah sich daher bald genöthigt, die Bediensteten der Douane, sowie die militärischen Beamten der Spitäler zu den Waffen zu rufen und, wie wir noch sehen werden, eine aus den Bürgern gebildete Nationalgarde zur Besetzung der Wachtposten zu verwenden. —

Nachdem unterm 3. Januar 1814 die Stadt Mainz mit Castel in Belagerungszustand erklärt worden, betrieb Morand mit aller Eile die Ausbesserung der Außenwerke und die Errichtung von Forts und Blockhäusern. Gleichzeitig wurden alle Alleen und Häuser vor der Stadt niedergelegt. Die letztere Maßregel war besonders hart für die Bewohner des Gartenfeldes, die zusehen mußten, wie die Soldaten die Häuser einrissen, das Holz, die Bäume und Einfassungen fortschleppten, um damit sich Feuerung zu verschaffen oder um das Material bei dem allgemeinen Holzmangel für schweres Geld zu verkaufen.

Mit dem Eintritt des Belagerungszustandes begann eine strengere Handhabung der Polizei, welche letztere durch eine Verordnung Morand's vom 6. Januar 1814 einem Großprevot und einem demselben zur Seite gesetzten Prevotalgerichtshofe übertragen wurde. Das Gericht war folgendermaßen zusammengesetzt:

Boisard, Gendarmerie-Oberst, Großprevot, Präsident,
Tissot, kaiserlicher Procurator,
Doney, Escadronchef der 25. Gendarmerielegion,

Frejafond, Hauptmann der Reservekompagnie,
Delettrée, Unterlieutenant der Reservekompagnie,
Dapat, Inspector der Douanen,
Groubenthal, Advocat, zugleich Rapporteur,
Richter;
Metz, Commis-Greffier am Tribunal,
Gerichtsschreiber.

Die Competenz dieses allgemein gefürchteten Gerichts, gegen dessen Entscheidungen alle Rechtsmittel abgeschnitten waren, ging sehr weit, indem sie sich nicht nur auf die Anwendung der peinlichen und Zuchtpolizei-Gesetze sowie der Local-Verordnungen (— einerlei ob militärische oder bürgerliche —) bezog, sondern auch auf die gesetzlich nicht vorgesehenen Fälle ausgedehnt wurde, in welch' letzterer Beziehung auf Geldbuße, Gefängnißstrafen und Zwangsarbeiten an den Festungswerken oder in den Magazinen erkannt werden konnte. Beschlußfähig war das Gericht wenn nur drei Mitglieder desselben anwesend waren; bei leichteren Contraventionen war der Großprevot sogar befugt, ohne Zuziehung des Gerichtshofes Strafe auszusprechen.

Da Civil wie Militär sich ruhig verhielten, so war der Gerichtshof nur mit wenigen Verhandlungen, die sich auf Holzdiebstähle, Unterschleife bei Weinlieferungen und Ueberschreitung der gesetzlich festgestellten Lebensmittel-Taxen bezogen, befaßt.

Zur strengeren Handhabung der Polizei und Vermehrung des vorhandenen Dienstpersonals wurde weiter, in Gemäßheit eines kaiserlichen Decrets vom 17. Dezember 1813, zur Errichtung einer Nationalgarde geschritten. Um in dieser Hinsicht den Bürgern jede Besorgniß zu benehmen, verkündete der Maire am 8. Januar, der Kaiser vertraue dem Kern der Einwohner die Waffen an, jedoch blos um damit eine nur zu leicht verführbare Menge, die sich an Wohnungen und Eigenthum vergreifen könnte, in den Schranken der Pflicht zurückzuhalten; lediglich auf die Gemeinde sei die Nationalgarde berechnet und könne zu keinem anderen Dienste als zur Aufrechthaltung der inneren Ordnung aufgefordert werden. In wenigen Tagen war die Mannschaft ausgerüstet, so daß sie schon am 20. Januar ihre Wachtposten an dem Speisemarkte und an der Judengasse beziehen konnte. Ein Theil derselben wurde zu einer Artillerie-Compagnie formirt, die aber schon am 20. März wieder aufgelöst wurde, weil die Mannschaft sich hartnäckig weigerte, mit Kanonen sich zu üben.

Wie wir oben sahen, war bereits im Monat November Seitens des Militärs für Verproviantirung der Garnison gesorgt worden; nur Geld, Wein und Holz fehlten und sollten auf dem Wege der Requisition herbei geschafft werden. Was den ersteren Punkt betrifft, so erschienen die Maßregeln Morand's um so drückender als durch die letzten Ereignisse die Betreibung des Handels und der Gewerbe, ja jeder Verdienst überhaupt unmöglich geworden war und der Baarvorrath eines Jeden kaum zur Befriedigung seiner eignen Bedürfnisse hinreichte. Abgesehen von der beschleunigten Eintreibung rückständiger Schulden an die Domänen und anderen öffentlichen Kassen wurde am 12. Januar befohlen, daß die aus dem Jahre 1813 rückständigen Steuern in Mainz und Castel bei Vermeidung militärischer Execution binnen 3 Tagen entrichtet werden müßten, während die Steuerpflichtigen des Jahres 1814 ebenfalls unter Androhung militärischer Execution angewiesen wurden, bis zum 15. Februar die Hälfte des ganzen jährlichen Steuerbetrags zu bezahlen. Als damit die Lücken in den Kassen nicht ausgefüllt waren, forderte Morand am 15. Januar ein gezwungenes Anlehen von 300,000 Frcs., welches sogleich unter den reichsten Kaufleuten und den Höchstbesteuerten ausgeschlagen und von diesen baar entrichtet wurde gegen Scheine auf die Tilgungskasse. Diese sollten nach Morand's Versicherung in ganz Frankreich zur Bezahlung von gekauften Gemeindegütern angenommen oder bei Verfallzeit baar ausgezahlt werden. Hiermit noch nicht befriedigt verlangte endlich Morand, daß vom 1. März an die Stadt neben den laufenden Einnahmen monatlich ein gezwungenes Anlehen von 200,000 Frcs. in baarem Gelde liefern solle, an welchem außer den öffentlichen Beamten in der Stadt diejenigen Personen, welche zu dem ersten Anlehen nichts beigetragen hatten, zu participiren hatten. Das Geld mußte in zwei Hälften, je am 15. und 30. jeden Monats, entrichtet werden.

Auf ähnliche Weise wie bei Auftreibung des Geldes verfuhr Morand um sich in den Besitz des nöthigen Weines für die Mannschaft und die Spitäler zu setzen. Der zu Ende des Jahres 1813 in die Festung geschaffte Wein war in der Mitte Januar 1814 bereits ausgetheilt, so daß Morand unterm 16. Januar von der Stadt 100,000 Litres zu requiriren sich veranlaßt sah. Die Lieferung ward durch ein besonderes Comité (— bestehend aus den Gemeinderaths-Mitgliedern Kertell, Kraetzer, Haenlein und Herrgen —) nach vorheriger Taxation der Weine auf die einzelnen Weinbesitzer ausgeschlagen und eingebracht. Im Monat Februar ward dann eine weitere Lieferung von 250,000 Litres von Morand befohlen. Als Letzterer immer noch nicht zufrieden war, stellten ihm im Monat März mehrere Mitglieder des Gemeinderathes vor, daß die von ihm beliebte Weinvertheilung unter die Garnison und die Lazarethe nothwendig zum Ruin des wichtigsten Handelszweiges der Stadt führen müsse. Namentlich hoben sie hervor, daß während der ganzen Belagerung von 1793 nicht soviel Wein verlangt worden, als in den zwei Monaten der jetzigen Blokade; damals habe man nicht jeden Tag, sondern nur einen über den andern Tag, Wein und zwar in geringerer Quantität verabreicht; jedenfalls aber müsse es auffallen, daß seit Abnahme der Kranken in den Spitälern der Bedarf an Wein in denselben sich beinahe verdoppelt habe. Solche Vorstellungen fanden ein taubes Ohr. Der Gouverneur ließ es bis zu Ende April bei der einmal angeordneten Weinvertheilung. Ein Augenzeuge, der Großherzogl. Medizinalrath Dr. Wittmann,[*] dessen wir noch weiter unten gedenken werden, erzählt in Bezug auf den Weinconsum in den Spitälern folgendes: „Besoffen waren alle Angestellten vom Verwalter bis zu den Unterärzten und Krankenwärtern, so oft wir kamen.. Die Stadt mußte täglich große Lieferungen an Wein für das angebliche Bedürfniß der Lazarethe machen. Die Kranken selbst bekamen wohl den wenigsten, denn das Preservat ging vor dem Sanat. Man er-

---

[*] Siehe dessen preisgekrönte Schrift: „Ueber die Ursachen der ansteckenden Krankheiten belagerter Festungen. Mainz, 1819, S. 149.

zählt sogar, daß täglich ein Theil der für die Lazarethe gelieferten Fässer wieder herausgegangen wären, um in Geld verwandelt zu werden."

Außer Geld und Wein war, wie schon erwähnt, auch noch Holz aufzutreiben In den letzten Monaten des Jahres 1813 war Holz im Gonsenheimer Wald gefällt worden; allein das junge, nasse Tannenholz konnte unmöglich zur Heizung der Spitäler, Kasernen, Wachtstuben und der Bäckereien dienen. Der Mangel war um so empfindlicher als der Winter 1813 auf 1814 zu den strengsten gehörte. Bei der ohnehin geschwächten Gesundheit der Garnison kam es oft genug vor, daß Soldaten von den kalten Wachtstuben todt in die Stadt gebracht wurden. Um hier zu helfen, wurde im Monat Februar die Niederreißung einzelner Gebäude befohlen. Dieses Loos traf die ehemalige Dragonerkaserne, die s. g. rothe Kaserne, die Maurizenkirche, das Bandhaus, das Jesuitencollegium, das Wohnhaus an der reichen Clarenkirche, die alte Münze und das alte Schloß mit der Kapelle. Daneben wurde aus dem Gartenfelde und aus den früher niedergerissenen Häusern in Kostheim noch alles Holz herbeigeschafft.

Schlimmer als dem Militär ging es begreiflicher Weise den Bürgern. Abgesehen davon, daß sie zu Ende des Jahres 1813 in aller Eile nicht so leicht wie das Militär sich den nöthigen Proviant hatten verschaffen können, lastete auf ihnen auch noch die Sorge, das aufzutreiben, was die Garnison in Anspruch nahm. Es konnte nicht ausbleiben, daß nach Beginn der Blokade die Preise der Lebensmittel theils wegen des geringen Vorraths, theils aber auch, wie dies zu gehen pflegt, in Folge gewinnsüchtiger Speculationen, zu unerschwinglicher Höhe stiegen. Da half es freilich wenig, daß die Mairie in den ersten beiden Monaten gewisse Taxen für die Lebensmittel aufstellte und deren Beobachtung bei Strafe einschärfte. Die Käufer mußten doch mehr zahlen, wenn sie etwas haben wollten. Das veranlaßte die Behörden von einer weiteren Festsetzung der Preise Umgang zu nehmen. Einzelne Nahrungsmittel gingen bald gänzlich aus, so z. B. im Monat März das Ochsenfleisch und Hammelfleisch, da das im November und Dezember 1813 in die Stadt geschaffte Vieh bald von der Seuche weggerafft wurde. *) Bürger und Soldaten mußten sich an Pferdefleisch gewöhnen. Von Seiten der Stadtverwaltung konnte zur Linderung der Noth nichts geschehen. Während Morand durch Drohung und Gewalt von den durch übermäßige Einquartierungslast gedrückten Bürgern Geld für seine Garnison erpreßte, versuchte der Gemeinderath zu Anfang 1814 vergeblich ein Capital von 40,000 Frcs. gegen Anweisung auf die zunächst eingehenden Octroigefälle aufzunehmen. Aus den Berathungen des Gemeinderaths entnehmen wir, daß seit längerer Zeit von Seiten der Stadt keine Zuschüsse an die Schulen, Wohlthätigkeits-Anstalten und Spitäler gezahlt werden konnten, so daß die Kranken und Leidenden in den letzteren Anstalten „nahezu vor Hunger umkamen." Von Tag zu Tag stiegen die Anforderungen an die Stadtkasse, darunter Ansprüche, die nicht von der Hand gewiesen werden konnten. So mußte z. B. die Stadt wöchentlich 1500 Frcs. für Reinigung der Straßen und

---

*) Um einen Begriff von der Noth, die damals herrschte zu geben, rücken wir hier die Lebensmittel-Preise zu Ende des Monats März ein; danach kostete:

			fl.	kr.
Kuhfleisch	per Pfund	. . . .	1	—
Schweinefleisch	" "	. . . .	1	—
Rindsfett	" "	. . . .	1	—
Geräuchertes Fleisch	" "	. . . .	—	48
Schweinefett	" "	. . . .	1	12
Zwetschen	" "	. . . .	—	18
Frische Butter	" "	. . . .	6	—
Schmelzbutter	" "	. . . .	2	—
Kaffee	" "	. . . .	6	—
Zucker	" "	. . . .	2	—
Käse	" "	. . . .	1	52
Lichter	" "	. . . .	—	40
Bier per Maaß		. . . .	—	10
Essig	" "	. . . .	—	20
Milch	" "	. . . .	—	40
Kartoffel das Malter		. . . .	3	—
Ein Ei		. . . .	—	12
Eine Henne		. . . .	4	—
Ein paar Tauben		. . . .	2	40

Oeffnung von Gruben bezahlen und dies um so pünktlicher, als sie sonst keine Leute gefunden hätte, die sich der gefährlichen und ekelhaften Arbeit unterzogen. Die Todtengräber wurden nach und nach alle von der Ansteckung hingerafft; zuletzt wollten sich keine Leute mehr zu diesem gefährlichen Dienste finden. Unterdessen lagen wochenlang die gefrorenen Leichname der Bürger und Soldaten vor dem Münsterthor gleich Holzstößen aufgehäuft und harrten der Beerdigung. Auch hier half wiederum der Stadtrath Kraetzer indem er sich der Begräbnisse annahm.

All' diese Uebelstände wogen noch gering im Vergleich mit dem Elende, das die noch immer herrschende Epidemie unter Bürger und Militär hervorrief. Erst als schon Tausende gestorben waren, gelang es passende Localitäten für die Kranken herzurichten, und Vorsorge zu treffen, daß die Reconvalescenten von den Kranken getrennt wurden. Für die Letzteren waren Spitäler in dem Schönborner Hofe, der Douane, dem Lyzeum dem Altmünsterkloster und Stadioner Hofe eingerichtet, während den Ersteren die Räume der ehemaligen Universitäts-Häuser angewiesen wurden. Mit Beginn der Blokade bestellte Morand nach dem Vorgange des verstorbenen Präfecten eine militärische Sanitäts-Commission, mit der Aufgabe die Ursachen der noch herrschenden Krankheit und die Mittel zu deren Beseitigung zu erforschen. Zu dieser Commission wurde auch ein Civilarzt, der spätere Gr. Hess. Medicinalrath Dr. Wittmann, zugezogen. Ergreifend sind seine Mittheilungen über den Zustand der Spitäler. „Täglich, so erzählt er, mußte ich die Inspection der 14 Lazarethe — ohne die Ambulanzen zu rechnen — regelmäßig mitmachen. Bei Besuchung der Spitäler fanden wir den Dunst in denselben so stark und faulig, daß wir uns schnell zurückziehen mußten, um nicht ohnmächtig zu werden. In jedem Bette lagen zwei Mann beisammen, so daß es sich oft zutrug, daß wenn einer derselben Abends starb, der andere, selbst mit dem Tode ringend, die ganze Nacht an der Seite des Verstorbenen zubringen mußte. Man konnte weder das Stroh, welches zum Lager diente, noch die Bettdecken waschen lassen und jedes Bett wurde dadurch zu einer neuen Quelle des Ansteckungsstoffes. Die zur Kette und Kugel verurtheilten Soldaten, welche zur Reinigung des Strohes in den Lazarethen verbraucht wurden, starben alle. Man bekam keine Krankenwärter mehr. Sechszig Gesundheitsbeamten wurden in der Blüthe ihrer Jahre weggerafft." Vor Allem ward der Holzmangel in den Spitälern empfunden. "Wir froren, so erzählt Dr. Wittmann weiter, in den geräumigen Sälen des Schloßhospitals bei der Inspection wie die Hunde. Wie mag es erst manchem armen Reconvalescenten zu Muthe gewesen sein, der hier mit erhöhter Sensibilität abgemagert unter der dünnen Decke liegen mußte!· Gestützt auf die gesammelten Erfahrungen empfahl die Commission den Bürgern, täglich mineralsaure Räucherungen vorzunehmen, die Zimmer der Häuser zu öffnen, um der Luft Zutritt in das Innere der Gebäude zu gestatten, und vor Allem keinen Abscheu oder Eckel aufkommen zu lassen, vielmehr soviel als möglich jeden Gedanken an Gefahr zu verbannen.

Besondere Verdienste erwarb sich in dieser Noth der Bischof Colmar um die Stadt. Aehnlich wie in früheren Jahren, wo Mainz in Folge der Kriege von der Pest war heimgesucht worden, hatte er, nachdem die ersten Schlachten des Jahres 1813 Kranke und Verwundete nach Mainz gebracht hatten, durch Wort und Beispiel zur Krankenpflege angefeuert. Seine Seminaristen mußten in der Ferienzeit in den Spitälern hülfreiche Hand leisten. Gleich thätig bewies er sich nach dem Rückzug von Leipzig bei Ankunft der Tausende von Kranken. Als nun während der Blokade der Muth der Bürger zu sinken begann, da wendete er sich zu verschiedenen Malen an die Mainzer und forderte sie, indem er wiederum gleichzeitig in Verbindung mit der Geistlichkeit mit gutem Beispiel voranging, zur Pflege der Kranken auf. Daß die Bürger nicht zurückblieben, ward zu jener Zeit allgemein anerkannt. Noch später rühmten französische Blätter die werkthätige Aufopferung der Mainzer und die Pflege die den kranken, von ihren eignen Landsleuten aufgegebenen Soldaten zu Theil wurde. Alles wetteiferte, die Unglücklichen, die wie Schatten Abgeschiedener zu Hunderten durch die Straßen wankten, zu nähren und zu kleiden.

Fragt man nach der Zahl der Opfer der Epidemie so scheint

die Angabe richtig zu sein, wonach im Monat Januar 499 Civil und 6270 Militärpersonen und im Monat Februar 439 bürgerliche und 4048 Militärpersonen dahier verstarben. Die Civilstandsregister der Stadt Mainz können nur zu einer annähernden Schätzung führen, da, wie schon angedeutet, viele Sterbfälle gar nicht zur Anzeige kommen konnten. Immerhin sind auch die Zahlen, die seine Bücher nachweisen, traurig genug, denn der Monat Januar 1814 weißt 1510, der Monat Februar 1262 Todesfälle, meist unter dem Militär, nach. Im Monate März, als die bessere Jahreszeit begann, nahm auch die Sterblichkeit ab; in diesem Monate belief sich die Zahl der Verstorbenen auf 308 Civil- und 1748 Militärpersonen; im April reducirte sich die Zahl der Ersteren auf 178, die der Letzteren auf 473. Im Ganzen rechnet man, daß in der Zeit vom 1. November 1813 bis 1. Mai 1814 etwa 30,000 Mann der Besatzung verstorben sind; die Zahl der weggerissenen Bürger gibt Medizinalrath Wittmann auf 2445 an. Bei einer Bevölkerung von 24500 Seelen war dies ein ungeheurer Verlust. In keiner der übrigen im Jahre 1813 belagerten Städte war, mit Ausnahme von Torgau, das Unglück so groß wie in Mainz. In ersterer Stadt, die eine Bevölkerung von 5000 Seelen hatte, starben täglich 200 Mann der Besatzung und 600 Einwohner in einem Monat.

Unter diesen Verhältnissen war es für die Stadt ein großes Glück, daß die Blokade zu keinen ernstlichen Verwicklungen führte. Abgesehen davon, daß die Garnison ein paar Mal durch das Gerücht, das Blokadecorps beabsichtige einen nächtlichen Ueberfall, in Athem gehalten wurde, kam die Besatzung der Stadt nur zweimal mit den Belagerern in Berührung, einmal (12. Januar) bei einer Recognoscirung, die sich von Weisenau nach dem Hechtsheimer Berg erstreckte und dann bei einer Recognoscirung nach dem Fort Montebello. Beidemal blieb es bei einigen Flinten- und Kanonenschüssen. Unterdessen konnte man aus dem Verhalten des Blokadecorps in Mainz, wenn schon keine auswärtigen Blätter herein gelangen durften, auf die Entwicklung des Krieges schließen. Die Ahnungen, was inzwischen vorgefallen war, wurden immer deutlicher, als man am Abende des 7. April das

Schloß zu Bieberich und den Ort Hochheim erleuchtet sah, und am 8. und 11. Mai darauf das Freudenschießen des Belagerungscorps vernahm. Was man sich als Ursache dieser Vorfälle erzählte, nämlich, daß nach siegreichem Vorbringen der Alliirten der Senat den Kaiser des Thrones verlustig erklärt habe, das bestätigten am 13. die ersten aus Paris hier angelangten offiziellen Blätter. Jetzt erfuhr man, daß in Frankreich eine provisorische Regierung errichtet, Napoleon abgesetzt und der Bruder des letzten Königs Ludwig Stanislaus X ver auf den französischen Thron erhoben worden war. Welchen Eindruck diese Nachrichten auf die schwer heimgesuchten Bewohner der Stadt Mainz machten, das läßt sich leicht begreifen; die Freude der Bürger, wenn sie sich auch noch nicht so laut machen durfte, war eine allgemeine. Diejenigen dagegen, die durch persönliches Interesse an Frankreich und dessen bisherige Regierung gebunden waren, mußte es unangenehm berühren, daß ihre Rollen wahrscheinlich jetzt ausgespielt waren. In einer eigenthümlichen Lage befand sich der Commandant Graf Morand. Durch seine ganze Vergangenheit und durch die Gebote der Dankbarkeit an Napoleon gebunden, sollte er nun, gleich den übrigen Generalen, im Handumdrehen zu einem Bewunderer und Anhänger des Hauses Bourbon werden, wenn er nicht seine Stellung einbüßen wollte. Jede Zeitung brachte neue Huldigungen der rasch bekehrten Waffengefährten, die im Lobe des alten Königshauses sich überboten. Nach dem Muster der Tagsbefehle anderer Generale erließ Morand unterm 15. April folgenden Aufruf an die Generale, Offiziere, Unteroffiziere und Soldaten des 4. Armeecorps und der 26. Militär-Division:

„Ihr habt in den Pariser Blättern sowie in den Briefen „eurer Verwandten und Freunde die Acten des Senats und „des gesetzgebenden Körpers, die Abdankung des Kaisers und „die neue Constitution von Frankreich gelesen.

„Unsere Pflichten sind in den beiden Worten enthalten: „Gehorsam und Treue der Regierung des Vaterlandes.

„Das Herz der alten Soldaten war nicht gleichgültig „gegen das Unglück ihres Generals: auch weiß ich, daß „mehrere wegen ihrer Zukunft besorgt schienen.

„Ermuthigt Euch! der Fürst, den die Vorsehung uns
„nach so vielen Leiden und Stürmen wieder gibt, weiß besser
„als irgend Jemand, daß die Tapferen, die edlen Herzen,
„die Männer ohne Furcht und Tadel, die einzigen Stützen
„des Thrones und des Vaterlandes sind; sie werden seine
„liebsten Kinder sein, weil sie die Stärke und der Stolz
„Frankreichs sind. Die Belohnung eurer Dienste ist eine
„Schuld Frankreichs — er wird sie zahlen; deß ist uns die
„Constitution und sein Wort Bürge. Was könnten wir von
„einem Fürstenhause fürchten, das unsere Voreltern während
„so vieler Jahrhunderte verehrt haben und gäbe es einen
„Franzosen, der Heinrich IV. vergessen hätte?*)

Am 18. April verpflichtete Morand die geistlichen und weltlichen Autoritäten, die Mairie nebst Gemeinderath, Namens der Bürgerschaft und die Offiziere der Nationalgarde auf die neue Verfassung und den König Ludwig XVIII. Daß die Stadt wieder in die Hände der Deutschen kommen werde, das schien dem Commandanten, der als Franzose nur einen Frieden mit der Rheingrenze im Auge hatte, nicht gleich einleuchten zu wollen. So soll er die Vorschläge des Herzogs Ernst von Sachsen Coburg in Betreff der Aufhebung der Blokade von der Hand abgewiesen haben. Auch den Bürgern gegenüber zeigte Morand, daß er in Bezug auf die Stadt an keine Aenderung der bisher bestandenen Verhältnisse glaubte. In einem unterm 17. April an den Präfecten des Departements gerichteten Schreiben drückte er seinen Unwillen darüber aus, daß das gezwungene Anleihen für den Monat März noch nicht aufgebracht sei, indem er gleichzeitig befahl, daß diejenigen Einwohner, welche den ihnen auferlegten Antheil innerhalb 48 Stunden nicht gezahlt haben würden, verhaftet werden sollten. Dabei bemerkte er ausdrücklich, „daß die

---

*) Das Haus Bourbon vergaß Morand selbst sehr bald. Nach der Rückkehr Napoleons von Elba ward er dessen Adjutant und focht in dem wieder ausgebrochenen Kriege an der Seite des Kaisers. Später nahm er wieder Dienst bei den Bourbonen, ward (1830) Commandant der 6. Militärdivision und (1832) Pair von Frankreich. — Er starb am 2. September 1835. —

gegenwärtig in Frankreich sich begebenden Ereignisse auf den Belagerungszustand von Mainz keinerlei Einfluß haben könnten. Alle hiergegen durch besondere Deputation ihm vorgelegten Reclamationen fanden kein Gehör. Ebenso erfolglos war eine Vorstellung des Gemeinderathes, der auf die allgemeine Unzufriedenheit der Bürger und deren gänzliche Mittellosigkeit hinwies und dabei den Gouverneur auf andere Hülfsquellen, namentlich Veräußerung der unbrauchbaren Kanonen und der großen jetzt überflüssigen Fruchtvorräthe aufmerksam machte.

Während man so in Mainz noch einige Tage in banger Ungewißheit der künftigen Bestimmung lebte, waren in Paris bereits die Unterhandlungen über die Grenzen Frankreichs zwischen den Alliirten und dem Bruder Ludwigs XVIII., dem Grafen von Artois, in vollem Gange. Das Resultat war eine am 23. April 1814 abgeschlossene Convention, durch welche (art. 3) die Festungen am Rhein, welche nicht innerhalb der französischen Grenzen vom 1. Januar 1792 lagen, und die zwischen dem Rheine und eben dieser Grenze gelegenen innerhalb 10 Tagen, von Unterzeichnung der Convention an, übergeben werden sollten. Die nächste Wirkung dieser Uebereinkunft war, daß Morand sich beeilte, Alles was noch zu seiner Verfügung stand, zu Geld zu machen; so wurde rasch (29. April) die Einrichtung des kaiserlichen Palastes (Deutschhaus) öffentlich versteigert; die Magazine wurden leer und mit einem Male war auch aller Vorrath von Blättertabak, der den Gläubigern des Zwangsanlehens als Garantie dienen sollte, verschwunden.

Jetzt machten auch die Bürger aus ihrer Freude über die glückliche Wendung der Dinge kein Hehl mehr. Wie aus einem schweren Traum erwacht, athmeten sie wieder auf, als am 30. April die Thore auf der linken Stadtseite geöffnet wurden;*) von den Dörfern eilten die Leute herbei, um der bedrängten Stadt Lebensmittel zuzuführen. In dem Freudentaumel schien man die

---

*) Bis zu dieser Zeit war den Bewohnern nur erlaubt, vom Raimundithor die Allee hinunter bis an die Schanze bei der früheren steinernen Brücke, von da durch das Gartenfeld, vor dem Münsterthor nach dem Neuthor und auf dieser Chaussee bis an das Weisenauer Kloster spazieren zu gehen.

Gegenwart der Franzosen gar nicht zu beachten; diese mußten zusehen, wie alsbald auf den Straßen die französischen Adler und was sonst noch an die franz. Regierung erinnerte, entfernt wurden. Dagegen wollten auch die Soldaten, die sich seit dem 30. April zum Abzuge rüsteten, den Bürgern einen kleinen Denkzettel hinterlassen. In den letzten Tagen hatten sie mancherlei Exzesse sich zu Schulden kommen lassen; als nun gar am 2. Mai das Offiziercorps, dem seit dem 16. Januar 1814 kein Gehalt mehr ausgezahlt worden war, den Grafen Morand auf offener Straße festhielt und Geld verlangte, so glaubten auch die Soldaten auf eigne Faust sich das verschaffen zu dürfen, woran es ihnen fehlte; dabei verlautet es, daß sie die Absicht hätten, die Stadt zu plündern. In wiefern es ihnen damit Ernst war, ist ungewiß, jedenfalls durfte man ihnen so etwas zutrauen. Zum Glück ward jeder Versuch durch die Thätigkeit der Nationalgarde, die zwei Tage und zwei Nächte unter Gewehr geblieben, vereitelt. Endlich nahte der Tag, an welchem nach der Convention die Festung übergeben werden mußte. Mittwochs den 4. Mai des Vormittags 10 Uhr rückte die durch die Epidemie bedeutend reducirte Besatzung*) zum Neuthor hinaus, worauf das Blocade-Corps unter Herzog Ernst v. Coburg in ununterbrochenem Zuge von halb zwölf Uhr bis 3 Uhr Nachmittags einmarschirte. Groß und Klein war auf den Ruf „die Deutschen kommen" herbeigelaufen; war es doch als wenn der Anblick dieser Truppen die Erinnerung an die letzte schmerzhafte Zeit mit einem Male verbannt hätte. Gerne reichte der Bürger den einquartierten Soldaten was ihm noch geblieben war. Den festlichen Tag beschloß eine allgemeine Illumination der Stadt.

Bezeichnend ist eine Aeußerung Morand's, die ihm an diesem Tage entschlüpft war. Nach der Mittheilung des rheinischen Merkurs äußerte nämlich der General unverhohlen seinen Aerger darüber, daß er eine Festung wie Mainz ohne Schwertstreich habe übergeben müssen, indem er gleichsam drohend hinzu-

---

*) Im Ganzen noch 12000 Mann.

fügte, der Friede könne doch nicht lange dauern. Von einem der umstehenden Generale befragt, wie lange nach seiner Meinung die jetzigen Verhältnisse sich halten könnten, erwiderte er „pas vingt mois." Dieselbe Anschauung gewann in Frankreich: bald die Ueberhand. Die Franzosen betrachteten die Convention vom 23 April als eine Uebereilung, für welche Graf Artois später noch manchen Vorwurf einstecken mußte. In jenen Tagen wagten schon franz. Blätter, denen der Muth wieder gewachsen war, geradezu zu behaupten, es wäre für die künftige Ruhe aller Nationen zu wünschen gewesen, daß Frankreich die Rheingrenze behalten hätte; das war der Dank dafür, daß die Verbündeten für Deutschland nicht auch die Länder zurückverlangt hatten, die früher Bestandtheile des deutschen Reiches gewesen.

Wir begreifen recht wohl den Verdruß des abziehenden Generals und aller derer, die ihm folgten. Während 17 Jahren hatten sich die Franzosen daran gewöhnt, die für sie in jeder Hinsicht so wichtige Stadt als einen Theil Frankreichs zu betrachten; schon hatte man geglaubt, eine Verschmelzung der verschiedenen Elemente inmitten der Einwohnerschaft erzielt zu haben, als mit einem Male der Verlust der Stadt die schönen Hoffnungen vernichtete. Nur brauchten sich die Franzosen nicht einzubilden, daß sie so bald wieder in den Besitz der Stadt kommen würden. Der Feldzug nach Frankreich hatte zu Genüge gezeigt, wie ernstlich die deutschen Fürsten von der hohen Mission erfüllt waren, Deutschlands Befreiung bis zu den äußersten Grenzen zu verwirklichen und jede Spur der Fremdherrschaft zu beseitigen. Wie die Fürsten, so dachte das vielgeprüfte Volk. Die Mainzer blieben hinter der allgemeinen Begeisterung der Nation nicht zurück. Sie hatten Gelegenheit gehabt, den Abgrund rücksichtsloser Militärherrschaft unter den Franzosen kennen zu lernen. Wem in dieser Hinsicht bis zum Jahre 1813 die Augen nicht geöffnet waren, der mußte in den letzten Tagen der Occupation von dem eigentlichen Charakter der bisherigen Gewalthaber überzeugt werden. Sorglos hatte man nach den verhängnißvollen Tagen des Oktober die Bürger ihrem Schicksale überlassen und ihnen noch im übermüthigsten Tone zugemuthet, vorerst für die Soldaten zu sorgen, um dann zuzusehen, was etwa noch übrig bliebe. Ein Blick auf den Zustand der Stadt im Augenblicke des Abzugs der Franzosen genügte, um dem lang verhaltenen Grolle Luft zu verschaffen. Außerhalb der Thore lag Alles verwüstet; was in vielen Jahren mit Fleiß und schweren Kosten hergerichtet war, das war in einem Augenblicke größtentheils ohne Noth und aus blosem Muthwillen zerstört worden; innerhalb der Stadt traf man fast in jeder Straße auf Schutthaufen, den Ueberresten der zur Steuer des Holzmangels niedergerissenen Häuser. An den Häusern dagegen, welche der Hammer verschont hatte, sah man deutlich die Spuren einer schrecklicheren Gewalt. Da war kein Haus, aus welchem nicht in den letzten Monaten die Pest ihre Opfer herausgerissen hatte. Wie ein böser Zauber drückte die Veröbung auf die Brust des beklommenen Beschauers.

Trotz dieser Empfindung ließ man sich am 4. Mai, nach der Abspannung einer langen Leidenszeit für den Augenblick eignes und fremdes Weh vergessend, von dem Eindruck der lang ersehnten Befreiung hinreißen. Auch der Mainzer durfte an diesem Tage stolz sein Haupt erheben. Zwar hatte die Stadt an dem Befreiungskampfe keinen Antheil genommen und keiner ihrer Söhne unter deutschem Banner gefochten; allein mit Aufopferung von Hab und Gut und mit Hintenansetzung der eignen Sicherheit hatte man Freund und Feind mit gleicher Sorgfalt gelabt und gepflegt. Schmückte die Sieger des Jahres 1813 das eiserne Kreuz, so schmückte die Mainzer das Bewußtsein, die Tugenden der Nächstenliebe in reichstem Maße geübt zu haben

Die diplomatischen Verhandlungen in Paris und Wien.

Nach siebenzehnjähriger Trennung kehrte die Stadt wieder zur Heimath zurück und sah sich, nachdem der erste Jubel vorüber war, nicht ohne Besorgniß nach einer neuen Bestimmung um. Da gab es nun reiche Nachbarn genug die gerne die Rückgekehrten bei sich aufgenommen und behalten hätten; indem aber in dem uneigennützigen Wettstreite Keiner den Andern wollte zuvorkommen lassen, so ging es den Mainzern in der Heimath beinahe noch schlimmer als in der Fremde. Vorerst ward die Stadt wie die bereits früher occupirten Striche der Departements Rhin und Moselle, Saar und Mont Tonnère dem von der Central-Verwaltung für den Mittelrhein bestellten General-Gouverneur Justus Gruner (russ. Staatsrath) untergeordnet, welcher Letztere für unsere Gegend den Freiherrn von Otterstedt als Gouvernements-Commissär berief. Dieser zog am 4. Mai von Worms, wo er bisher seinen Amtssitz hatte, mit dem Herzoge von Coburg hier ein und begann seine Functionen bis Justus Gruner am 23. Mai hierher kam und die Oberleitung der Verwaltung selbst in Händen nahm. Von deutschem Sinn durchdrungen kam die Verwaltung den Bewohnern freundlich entgegen, berief deutsche Beamten zu den erledigten Stellen (— so ward in Mainz an Make's Stelle der Freiherr von Jungenfelb Bürgermeister —) und suchte, soweit thunlich, die drückendsten Maßregeln der letztverflossenen Periode zu beseitigen. Vieles konnte übrigens diese Verwaltung nicht leisten; denn kaum hatte sich dieselbe um die Verhältnisse der Stadt und deren Umgebung umgesehen, als schon im Rathe der verbündeten Fürsten die Einsetzung einer militärischen Verwaltung für Mainz beschlossen war.

In Paris war nämlich seit dem Abschluß der Convention vom 23. April 1813 die künftige Bestimmung der Stadt Gegenstand lebhafter Debatten geworden. Auf der einen Seite gab Preußen nicht undeutlich zu verstehen, daß ihm zur Sicherheit seiner rheinisch-westphälischen Gebietstheile der Besitz von Mainz wünschenswerth sei, während anderer Seits Bayern, das damals die Rolle eines Großstaates und hiermit den Schutz Deutschlands am Rheine übernehmen wollte, einen gleichen Wunsch an den Tag legte. Beide Theile beriefen sich zur Unterstützung ihrer Ansprüche auf Gründe der Zweckmäßigkeit, wobei denn Preußen — wie dies namentlich in einer Denkschrift Knesebeck's ausgeführt wurde — die Wichtigkeit von Mainz für die Vertheidigung des Nordens von Deutschland hervorhob und Bayern die Bedeutung der Festung für den Süden betonte.

Die bayerische Auffassung wurde am Entschiedensten von Stein bekämpft. Mainz, so erklärte er im Mai 1814, kann nicht in den Händen einer kleinen Macht sein, deren Politik seit zweihundert Jahren schwankt und Frankreich ergeben war, einer Macht, deren Heer zu einem Drittel durch eine Besatzung von 25,000 Mann verschlungen würde. Mainz ist der Schlüssel von Norddeutschland, da man von da aus das Land zwischen Main und Saale überzieht.

Sollte nicht die kaum erzielte Eintracht unter den deutschen Fürsten gestört werden, so blieb nichts anderes übrig, als vorerst noch diesen kitzlichen Punkt auf sich beruhen zu lassen. In einer Minister-Conferenz vom 31. Mai 1814 wurde die definitive Entscheidung über diese Angelegenheit für die weiteren Verhandlungen in London oder Paris vorbehalten und bis dahin bestimmt, daß Mainz durch eine gemischte Garnison von österreichischen und preußischen Truppen besetzt*) und für gemeinschaftliche Rechnung von Oesterreich und Preußen verwaltet werden solle. Zur Vollziehung dieses Beschlusses traten am 13. Juni 1814 der k. k. österreichische General der Cavallerie Baron von Frimont, der k. preußische General der Infanterie von Kleist und der G. M. von Müffling in Mainz zu einer Conferenz zusammen, wobei folgendes beschlossen ward: **)

Den 16. Juni verläßt das V. deutsche Armeecorps Mainz. Die Festung mit ihren anliegenden Forts wird besetzt von 4500 Mann Infanterie an k. k. österreichischen und ebensoviel k. preußischen Truppen. Jeder Theil stellt eine mobile Batterie und eine Escadron Cavallerie; die zur Bedienung der Geschütze nöthigen Artilleristen sollen ausgemittelt und dann zur Hälfte von Oesterreich, zur Hälfte von Preußen nach Mainz gesandt werden; ebenso wird es mit den Mineurs gehalten. Die Verhältnisse des Gouverneurs zum Commandanten und umgekehrt wurden nach dem allgemeinen stehenden Gebrauch der deutschen Armeen dergestalt verabredet, daß der Gouverneur die Anordnung und Leitung der militärischen Maßregeln, sowie das Commando der Truppen sich vorbehalte, dem Commandanten dagegen die Ausführung dieser Anordnungen verbleibe.

In administrativer Beziehung bestimmten die Generale:
1) Ein k. k. österreichischer und ein k. preußischer Commissär verwalten die Stadt Mainz und das Rhein-Octroi dergestalt gemeinschaftlich, daß sie ihre Verfügungen durch gemeinschaftlich unterzeichnete Decrete an die Behörden erlassen;
2) die sämmtlichen Revenüen fließen vom 16. Juni an in eine gemeinschaftliche Kasse;
3) diese Kasse trägt (außer den nöthigen Besoldungen der Unter-Behörden) die Kosten der Verpflegung

---

*) Durch eine zur Zeit des zweiten Kriegs gegen Napoleon abgeschlossenen Convention (vom 2. April 1815) erhielt Bayern das Recht, drei Bataillone von seinen Truppen in die Festung zu legen, die im Falle einer Belagerung Bestandtheile der Garnison bilden sollten. —

**) Martens, Nouveau récueil. Tom. III. p. 310.

der Garnison nach gemeinschaftlich abzuschließenden Contrakten. Sollten die beiden Commissarien der Civil-Administration in Differenzen gerathen, so haben sie die betreffende Angelegenheit vor den Gouverneur und Commandanten zu bringen, welche sie zu vereinigen suchen werden und, wenn dies nicht möglich sein sollte, die Differenzen zur Entscheidung der hohen alliirten Cabinete zu Wien und Berlin vortragen.

Zu Commissarien der Civil-Administration wurden der k. k. österreichische Landes-Commissär Winkler und der k. preußische Oberkriegs-Commissär Geßler ernannt; worauf Justus Gruner und Herzog Ernst von Coburg von den Mainzern Abschied nahmen. *)

Ohne dem Charakter der neuen Administratoren zu nahe treten zu wollen, kann man wohl behaupten, daß die Einrichtung den Erwartungen und Wünschen der Mainzer wenig entsprach. Nach so vielen Leiden bedurfte es einer Behörde, die mit besonderer Liebe und Sorgfalt den eingetretenen Uebelständen nachspürte, das Volk erst in Ruhe seine Kräfte wieder sammeln ließ und durchgreifende Reformen vornahm. Alles das war nicht zu erwarten von einer provisorischen Behörde, die zum Ueberflusse dem Militär untergeordnet war und gegen deren Entscheidungen es keinen Rekurs gab. Vorerst blieben daher die lästigen französischen Steuern und andere drückende Maßregeln; die Einquartierung nahm kein Ende und wurde noch erschwert durch die Verpflichtung der Bürger einen Theil des Offiziercorps der Garnison zu verköstigen. Es fiel den fremden Herrn gar nicht ein, bei ihren Requisitionen und Auflagen in Anschlag zu bringen, daß die Stadt in den letzten 4 Monaten ein Zehntel ihrer Bewohner eingebüßt, etwa $1/2$ Million Gulden an Abgaben und regelmäßigen Lieferungen an die Franzosen gezahlt hatte,

---

*) Für das Land zwischen Mosel, Saar und Rhein mit Ausnahme der Stadt Mainz, Kastel und Kostheim wurde eine österreichisch-bayerische Administration bestellt, die erst in Kreuznach dann in Worms ihren Sitz hatte.

und daß Handel und Gewerbe darnieder lagen. — Die allgemeine Mißstimmung erhielt noch Nahrung durch die Ungewißheit über das künftige Loos der Stadt und des Departements, wobei die verschiedenartigsten, oft abentheuerlichen Conjecturen zum Vorschein kamen. So tauchte z. B. im Juli 1814 eine Adresse auf: „An die Germanen des linken Rheinufers," worin allen Ernstes aufgeführt wurde, die Bewohner des linken Rheinufers seien durch Friedensschlüsse und feierliche Erklärungen ihrer früheren Unterthanenpflichten entbunden und könnten daher zur Behauptung ihrer Selbstständigkeit und Unabhängigkeit zu den gesetzlichen Mitteln ihre Zuflucht nehmen. Ihre obersten Staatsbehörden beständen aus den aus ihrer Mitte genommenen Senatoren und Mitgliedern des gesetzgebenden Körpers, deren Vollmachten nicht erloschen seien; sollten diese sich nicht freiwillig dazu hergeben, so sei es Pflicht der Notabeln des Volkes sie zu vermögen, sich als Repräsentanten des cisrhenanischen Germaniens zu constituiren und die Untheilbarkeit des Gebietes und das Recht, sich selbst eine Verfassung zu geben, im Angesicht von ganz Europa zu proclamiren; die verbündeten Mächte würden die Vertheilung dieser Länder und deren Unterjochung nicht erzwingen wollen, da sie als deren Befreier erschienen seien; auch Frankreich (!) werde dieser Regierung ihre Anerkennung nicht versagen. Daß diese nach Mustern vom Jahre 1793 gefertigte Adresse, als deren Verfasser man den Frankfurter Legationsrath Lamezan bezeichnete, keinen Eindruck hier machte, versteht sich nach deren Inhalt ganz von selbst. Ebenso wenig Anklang fand das hier und da auftauchende Gerücht, Frankreich werde versuchen, Mainz wieder zu erwerben und zu dem Behufe dem künftigen Congresse eine namhafte Selbentschädigung anbieten.

Während man in Hoffnungen und Plänen für die Zukunft sich erging, rückte die Zeit für den Congreß zu Wien heran, auf welchem auch die Bestimmung der Mainzer entschieden werden sollte. Daß auch hier wie in Paris die widersprechendsten Ansichten und Wünsche zum Vorschein kommen würden, war leicht vorauszusehen. Preußen schien seine früheren Absichten nicht aufgegeben zu haben und Bayern trat mit etwas größerer Zu-

verfidt auf, weil es ihm nach der schon erwähnten Ministerial-
Conferenz vom 3. Mai gelungen war, unterm 3. Juni 1814
mit Oesterreich einen geheimen Vertrag abzuschließen, dessen art.
VI. also lautete: *)

    Sa dite Majesté Impériale Royale et Apostolique
voulant donner à Sa Majesté le Roi de Bavière des
preuves de l'interêt qu'Elle prend à voir Sa Puis-
sance assise sur des bases solides promet d'employer
ses meilleurs offices.

    1) pour faire entrer dans le lot de la Bavière l a
v i l l e et p l a c e d e Mayence et pour
faire donner aux Etats de S. M. Bavaroise le plus
d'étendue possible sur la rive gauche du Rhin.

Grade aber die unbiplomatische und zuverfichtliche Haltung
des bayerischen Congreßbevollmächtigten (Wrede) war es, die den
Widerspruch der übrigen Mächte hervorrief. Selbst außerhalb
des Congresses wurde der Streit um Mainz mit allem Eifer betrieben. Bayerische Blätter warfen Preußen vor, es wolle den
Augenblick benutzen, nicht nur Sachsen seiner Monarchie einzuver-
leiben, sondern es wolle auch Mainz für sich haben; es strebe
darnach sich am Niederrhein festzusetzen und bis an die Maas hin
auszubreiten, durch welche Forderungen das gute Einverständniß
mit den übrigen Monarchen gestört werde, indem vor Allem
Oesterreich dieses nicht zugeben könne. Was nun Oesterreich betrifft, so beschränkte dies sich auf dem Congresse darauf, die Wichtigkeit der Festung für die Vertheidigung des Südens zu betonen
und auf die Wünsche Bayern's in dieser Beziehung zu verweisen.
Bald jedoch überwog im Congresse die Ansicht, es sei am Geeignetsten, die Stadt und Festung Mainz nicht einem einzelnen
Fürsten zu überweisen, sondern der Gesammtheit des Bundes zu
belassen. So heißt es z. B. in einer preußischen Note vom
20. Dezember 1814:

„die Nothwendigkeit sie (die Festung Mainz) für das gemein-
„schaftliche Vaterland zu erhalten, ist so einleuchtend und
„durch die Stimmen der meisten Fürsten ausgesprochen, daß

---
*) Martens Nouveau Récueil. Tome II. S. 20.

„Preußen, welches nie (!) die Absicht hatte, seine Besitzun-
„gen durch diesen Platz zu vermehren, keinen anderen Ge-
„sichtspunkt hat, als denselben wie eine gemeinschaftliche
„Vormauer des Bundes anzusehen, und ihn nicht einem
„einzelnen Staate, der einen Theil des Bundes ausmacht,
„abgetreten zu sehen. Die Festung sei bewacht durch Bundes-
„truppen und unterhalten auf gemeinschaftliche Kosten."

Ebenso lautet die Note die Grafen Nesselrode vom 31. Dezember 1814:

„La forteresse de Mayence est déclarée appartenante à
„la Confédération germanique."

Neben diesen Noten, deren Motiv nicht näher hier zu prü-
fen ist, lief am 25. Oktober 1814 bei dem Congresse eine von
mehreren Congreßmitgliedern gemeinschaftlich unterzeichnete Note
ein, die wir ihres baroken Inhaltes wegen hier mittheilen wollen.
Auch in diesem Actenstücke wird beantragt, Mainz solle für einen
gemeinsamen Waffenplatz erklärt werden. „Leicht ließe sich dabei,
— so heißt es wörtlich, — mit dem gemeinsamen Besitze von
Mainz die Wiederherstellung eines dem alten deutschen Orden
ähnlichen Instituts verbinden, das den Wünschen der **ganzen
Nation und insbesondere den gerechten Erwartungen des deutschen, vieler Vorzüge
durch die neuesten Begebenheiten beraubten
Adels** entsprechen würde." Wir dürfen bei Beurtheilung
dieser Note nicht übersehen, daß damals die Blüthezeit politischer
Projectenmacherei war, und daß die mitgetheilte Probe noch lange
nicht das Lächerlichste war, was dem Congresse unterbreitet wurde.

Da den Diplomaten die Mainzer Angelegenheit noch
nicht spruchreif oder jedenfalls nicht so wichtig schien als
andere Sachen z. B. der Streit um Sachsen, so ruhten mit einem
Male die Verhandlungen hierüber. In Mainz begriff man sehr
wohl, daß bei Vertheilung der herrenlos gewordenen Länder dem
Volke selbst eine Stimme nicht zustehe und deßhalb von hier aus
nichts geschehen könne, um die für die Stadt so wichtige Frage
zur Erledigung zu bringen. Dagegen hatte man noch eine ganze
Reihe anderer Anliegen an die in Wien versammelten Monar-

chen, die am besten durch mündliche Vorstellungen vorzubringen waren. Nach langem Kampfe mit der Administration wurde dem Gemeinderathe zugestanden, in Verbindung mit der Mainzer Handelskammer eine Deputation nach Wien schicken zu dürfen, zu welcher Mission Baron Mappes, damals Präsident der Handelskammer, und der nachmalige Obergerichts-Präsident Dr. Hadamar bestimmt wurden; freiwillig schloß sich ihnen Graf Franz von Kesselstadt an. Zunächst sollten die Abgeordneten für Erhaltung des der Stadt Mainz seit Jahrhunderten zustehenden Staffelrechts sorgen, wonach alle den Rhein hinauf oder hinabfahrende Schiffe verbunden waren, in dem Hafen zu Mainz anzulanden und ihre Ladungen in andere Schiffe umzuschlagen, welche dort in Bereitschaft standen, um die Reise fortzusetzen. Würde die Berechtigung von Mainz aufrecht erhalten, so glaubte man dem Handel der Stadt, der so sehr gelitten, wieder aufhelfen zu können. Auf der anderen Seite beschwerten sich die Nachbarstädte über diesen ungerechtfertigten Zwang, namentlich war dies die Stadt Frankfurt a. M., die gleich nach der Abreise der Mainzer Deputation auch einen Abgeordneten nach Wien schickte. Dort begann nun ein nicht unbedeutender Federnkrieg, der für die Mainzer durch Dr. Hadamar mit großem Geschick, freilich ohne Aussicht auf Erfolg, geführt wurde. Der Congreß überwies die Entscheidung der für die Schifffahrt aus den Vertretern von Oesterreich, Preußen, Frankreich und England gebildeten Commission, die am 20. Februar 1815 die Vorträge der Mainzer und Frankfurter Deputationen sowie den Bericht von Eichhoff, früher General-Direktor des Octroi in Mainz, anhörte und in einer zweiten Sitzung vom 23. Februar das Gesuch der Mainzer als den Grundsätzen der freien Schifffahrt und den Bedürfnissen des Handels nicht entsprechend abwies.

Ein zweites Gesuch der Stadt Mainz bei dem Congresse betraf die Entschädigung für die während der Blokade gemachten Weinlieferungen. Der damalige Commandant Morand hatte den Bürgern als Zahlung für den abgezwungenen Wein eine Reihe von Capitalien übertragen, deren Veräußerung durch ein früheres kaiserliches Decret angeordnet war, und hatte weiter bestimmt, daß die von ihm ertheilten Bons von den Domänen-Erhebern an Zahlungsstatt für die noch nicht fälligen und anticipirten Termine der Steigpreise von veräußerten Staatsgütern angenommen werden sollten. Kaum waren die Franzosen abgezogen, so sah sich Gruner veranlaßt, die für Lieferungen von Morand bestellten Hypotheken an den Häusern des Universitäts- und Studienfonds für ungültig zu erklären und ebenso vernichtete die Administration in Kreuznach alle Verfügungen des genannten Generals über die außerhalb der Stadt gelegenen Immobilien. Die Mainzer, die allein für Weinlieferungen den Betrag von 430,512 Frcs. zu fordern hatten, fühlten sich durch diese Bestimmungen beeinträchtigt und baten bei dem Congreß um Beseitigung oder Sistirung der betreffenden Verordnungen. Weiter hatten sie dem Congreß vorzustellen, daß die Stadt aus der ersten Blokade von 1793 noch eine Entschädigung von 1 Million Frcs. und eine Entschädigung für die dem Mainzer Universitätsfond und den frommen Stiftungen durch den Regensburger Rezeß entzogenen Besitzungen auf dem rechten Rheinufer zu fordern habe.

Bei der großen Masse der zu erledigenden Geschäfte und bei der bekannten Thätigkeit des Congresses, die sich am besten mit dem Witzworte eines Mitgliedes: le congrès danse et ne marche pas charakterisiren ließ, mochten die Mainzer Deputirten sich bald von der Erfolglosigkeit ihrer Schritte überzeugen. Da ohnehin die Kosten der Deputation nicht unbedeutend waren und die Administration nicht zu bestimmen war, weitere Summen zu diesem Zwecke anzuweisen, so blieb den Herren nichts übrig, als unverrichteter Sache wieder nach Hause zu ziehen. In der Schlußacte des Wiener Congresses ist über Mainz nichts zu finden. Erst bei der Berathung des zweiten Pariser Friedens dachte man daran die Lücken des Wiener Congresses namentlich bezüglich der Bestimmung der noch nicht vertheilten Territorien und des deutschen Wehrsystems auszufüllen, wobei denn in einem am 20. November 1815 von Oesterreich, Preußen und England unterzeichneten Protocole vorläufig verfügt ward:[*]

[*] Martens Nouveau récueil. Tome II. S. 672 f.

art. X. Les places de Mayence, Luxembourg et Landau sont declarées places de la Confédération germanique, abstraction faite de la Souveraineté territoriale de ces places. Les plénipotentiaires d'Autriche et de Prusse n'étant point autorisés, vû les actes antérieurement existans et l'absence de leurs souverains, à rénoncer en faveur de l'une ou de l'autre de leur Cours respectives au droit de garnison dans la place de Mayence, il est convenu, que le service militaire et l'administration continueront à subsister dans cette place d'après l'arrangement actuellement en vigueur, jusqu'à ce que les Cours alliées tombent d'accord d'un arrangement définitif à cet égard.

Für die Vollendung der Festungswerke von Mainz bestimmten die drei Mächte den Betrag von 5 Millionen Frcs., welcher aus der von Frankreich zu leistenden Kriegscontribution entnommen werden sollte.

Damit war die Territorialfrage noch nicht gelöst. Mainz blieb nach wie vor ohne Herrn und mußte sich die militärische Administration gefallen lassen. Immer bringender wurden die Wünsche der Mainzer nach einem Herrn und bestätigten die Wahrheit des homerischen Verses:

„Niemals ist gut die Herrschaft der Vielen; Einer sei Herrscher, Einer sei König,"

Der ersehnte Herrscher kam denn auch endlich. Bereits bei den Congreß-Verhandlungen in Wien war gelegentlich zur Sprache gebracht worden, es sei am Geeignetsten, wenn man Mainz zu einer Bundesfestung erkläre, die Stadt selbst dem benachbarten Großherzog von Hessen zu überlassen. Die Schlußacte erwähnte nun der Stadt Mainz nirgends, dagegen überwies der Art. 47 dem Großherzoge von Hessen als Entschädigung für die Abtretung Westphalens an Preußen einen Theil des Departements Mont Tonnère mit 140,000 Seelen. Daraufhin begannen nun die Verhandlungen zwischen Preußen und Hessen-Darmstadt, die mit einem am 30. Juni 1816 zu Frankfurt am Main zwischen Hessen Darmstadt, Oesterreich und Preußen abgeschlossenen Staats-Vertrag endigten, wonach (art. VIII.*)) Ersteres zu vollem Eigenthum mit aller Souveränität erhielt:

1) Le cercle d'Alzey à l'exception du Canton de Kirchheimbolanden et les cantons de Pfeddersheim et de Worms dans le cercle de Spire, tels que ces pays se trouvaient à l'époque du 3. Novembre 1815 sous l'administration établie à Worms.

2) La ville et le territoire de Mayence, y compris Kastel et Kostheim, à l'exception de tout ce qui constitue la forteresse, laquelle est declarée forteresse de la confédération germanique.

Am 12. Juli 1816 erfolgte die feierliche Uebergabe der Stadt an ihren neuen Herrn.

Seitdem erholte sich die Stadt, Dank der väterlichen Regierung, von den Wunden der letzten Zeit. Das Wiederaufblühen der Stadt war zugleich der beste Beweis dafür, daß das Wohl einer Gegend nicht ausschließlich durch die Verbindung mit einem größerem Staatskörper bedingt wird, indem bei gutem Willen auch unter bescheideneren Verhältnissen Ersprießliches sich erzielen läßt. Wer die Geschichte der Stadt Mainz von 1798 bis 1814 verfolgt, dem wird es klar, daß die Verbindung mit Frankreich für Mainz, abgesehen von der Einführung der französischen Gesetzgebung, von keinem Vortheile war. Ein Staat, der über die ihm gesteckten Grenzen sich ausdehnt, vermag weder für die Gesammtheit noch für den Einzelnen Etwas zu leisten. Als Frankreichs Macht ihre höchste Entfaltung erreicht hatte, blieb die Stadt weit hinter dem zurück, was sie früher gewesen, dagegen genoß Mainz das unbeneidete Loos, als Zwerg neben dem Riesen herzulaufen, um all' die Hiebe aufzufangen, die dem Gewaltigen galten. Daß die Stadt, der man oft Vorliebe für Frankreich angedichtet, nie Lust verspürte, zum zweiten Male an Frankreich gefesselt zu werden, dafür bürgt der patriotische Sinn und das klare Urtheil ihrer Bewohner. —

*) Martens Nouveau Récueil. Tome III. P. 73.